CÓMO AGRADARLE A LAS PERSONAS

Secretos para Crear Conexiones con Poco Esfuerzo,
Hacer Amistades Nuevas e Influir en los Demás

ROBERT K. K. DAVIS

© Copyright 2021 – Robert K. Davis - Todos los derechos reservados.

Este documento está orientado a proporcionar información exacta y confiable con respecto al tema tratado. La publicación se vende con la idea de que el editor no tiene la obligación de prestar servicios oficialmente autorizados o de otro modo calificados. Si es necesario un consejo legal o profesional, se debe consultar con un individuo practicado en la profesión.

- Tomado de una Declaración de Principios que fue aceptada y aprobada por unanimidad por un Comité del Colegio de Abogados de Estados Unidos y un Comité de Editores y Asociaciones.

De ninguna manera es legal reproducir, duplicar o transmitir cualquier parte de este documento en forma electrónica o impresa.

La grabación de esta publicación está estrictamente prohibida y no se permite el almacenamiento de este documento a menos que cuente con el permiso por escrito del editor. Todos los derechos reservados.

La información provista en este documento es considerada veraz y coherente, en el sentido de que cualquier responsabilidad, en términos de falta de atención o de otro tipo, por el uso o abuso de cualquier política, proceso o dirección contenida en el mismo, es responsabilidad absoluta y exclusiva del lector receptor. Bajo ninguna circunstancia se responsabilizará legalmente al editor por cualquier reparación, daño o pérdida monetaria como consecuencia de la información contenida en este documento, ya sea directa o indirectamente.

Los autores respectivos poseen todos los derechos de autor que no pertenecen al editor.

La información contenida en este documento se ofrece únicamente con fines informativos, y es universal como tal. La presentación de la información se realiza sin contrato y sin ningún tipo de garantía endosada.

El uso de marcas comerciales en este documento carece de consentimiento, y la publicación de la marca comercial no tiene ni el permiso ni el respaldo del propietario de la misma.

Todas las marcas comerciales dentro de este libro se usan solo para fines de aclaración y pertenecen a sus propietarios, quienes no están relacionados con este documento.

Índice

Introducción   vii

1. Entender a fondo qué es el carisma   1
2. Tus niveles de carisma   21
3. Exactamente cómo arreglar tu mentalidad   37
4. Las habilidades de comunicación   51
5. ¿Cómo hablar con cualquier persona?   67
6. La guía del carisma   87
7. Lenguaje corporal carismático   105
8. Comunicación en el trabajo   125
9. Poderosas conversaciones   143
   Conclusión   157

Introducción

Cuando escuches la palabra carisma, probablemente ya tengas en mente a alguien que encarne ese término para ti. Todos conocemos a alguien con carisma, que llama la atención de la gente, que está dentro de una habitación, desde el momento en que entra. Estas personas pueden cautivar, inspirar e influir en otros aparentemente sin intentarlo. Las personas carismáticas son agradables al instante, y la gente parece enamorarse de sí misma para ganar su atención o aprobación.

Es fácil creer que el carisma es una superpotencia incorporada con la que unos pocos afortunados simplemente nacen, mientras que el resto de nosotros, simples mortales, estamos condenados sólo a admirarlos. Afortunadamente, eso no es cierto.

El carisma es una habilidad, o un conjunto de habilidades, que se puede aprender y aplicar para ayudarte a tener más éxito a la hora de inspirar e influir en los demás.

¿Qué aspecto tiene el carisma?

Introducción

Tomemos el ejemplo de uno de los actores y productores más importantes, quién ha sido protagonista de una de las sagas de acción más famosas a nivel mundial, donde el actor funge como un espía y sus misiones parecen imposibles. ¿Ya sabes de quién te hablo? Bueno, ese actor es considerado uno de los hombres más carismáticos de Hollywood. ¿Qué es lo que hace que él se destaque por encima de otros actores como más carismático? Ciertamente no ha logrado evitar la controversia por completo, recuérdalo saltando salvajemente en uno de los programas más importantes de Estados Unidos conducido por una de las periodistas más queridas de ese país. Sin embargo, ese incidente y cualquier otra crítica le caen como anillo al dedo, y la gente permanece cautivada con él cada vez que habla.

La mayoría de los actores y directores que han trabajado con él son increíblemente elogiosos y describen cómo trabajar con él, los hace sentir increíbles. Sus compañeros de actuación casi siempre tienen una historia sobre cómo él los calmó en alguna situación y les hizo sentir que se interesaba genuinamente por ellos como persona.

Esta es la clave del carisma; en muchos sentidos, no se trata de ti. Buscas involucrar a otros en lugar de deslumbrarlos con tu brillantez. Incluso de pie en un escenario dando un discurso a cientos de personas, un orador con carisma es el que puede hacer que la audiencia se sienta como si se tratara de una charla íntima, hablándoles como si fuera a nivel personal.

A lo largo de la historia, las personas más influyentes y exitosas parecen tener una forma similar de presentar este tipo de personalidad magnética a los demás. Puede parecer una habilidad natural poco común, pero es algo que cualquiera puede lograr siempre y cuando esté dispuesto a dedicar tiempo, ser paciente y practicar.

¿Qué es el carisma?

La palabra carisma se usa todo el tiempo, pero pídele a alguien que la defina con palabras y la mayoría de la gente no tendrá una respuesta concreta.

Hay muchos términos que se utilizan para describir el carisma y las personas que son carismáticas.

Por ejemplo, la alegría de vivir, el encanto y tener el factor 'X' se utilizan para implicar carisma, entre muchos otros términos o palabras.

La gente podría describirlo como tener una personalidad magnética, ser encantador o alguien que llama la atención, pero estas descripciones tampoco capturan completamente lo que significa ser carismático.

Exploraremos esto con más detalle a lo largo del libro, pero la mejor manera que he escuchado para describir el carisma es como una forma de generar energía positiva en otras personas.

Una forma de verlo es que el carisma es una colección de habilidades sociales y emocionales sofisticadas.

Las personas con estas habilidades tienen la capacidad de despertar emociones fuertes en los demás al mismo tiempo que proyectan una calma, confianza y concentración excepcionales.

Introducción

¿Cómo puedo convertirme en una persona carismática?

Si siempre has querido ser carismático pero creíste que era algo que tenías o no tenías, entonces estás de suerte. Puede parecer un rasgo de personalidad etéreo, pero el carisma es simplemente un conjunto de habilidades que se pueden aprender si se está dispuesto a dedicar tiempo y esfuerzo para aprenderlo.

Como el carisma es un conjunto de habilidades, es absolutamente posible aprender a ser carismático ganando o fortaleciendo habilidades particulares.

Comenzarás por tomar decisiones conscientes para ajustar tu comportamiento, que puede parecer un poco forzado al principio, pero comenzarán a sentirse naturales con el tiempo. Aún mejor, hacer de estos nuevos comportamientos un verdadero hábito significa que después de un tiempo, los harás sin tener que pensar en ellos en absoluto.

No tienes que hacer un cambio drástico en lo que es; simplemente tienes que implementar estas habilidades de una manera que se sienta cómoda para ti.

Si actualmente te consideras poco carismático, entonces practicar estas habilidades al principio puede parecer extraño. Por supuesto, cualquier comportamiento nuevo se siente un poco antinatural a medida que comienzas a implementarlo, pero debes sentir que puede convertirse en parte de ti y de tu personalidad.

Introducción

Andar en bicicleta se habría sentido un poco antinatural cuando aprendiste por primera vez, pero ahora es tan fácil como, bueno, ¡andar en bicicleta!

No hay una única forma de ser carismático. Hay un cierto conjunto de comportamientos y habilidades que puedes implementar para ser carismático, pero no necesitas emplearlos todos, ni todo el tiempo en cada situación. Una de las claves más importantes para volverse carismático es encontrar una manera de hacerlo que te resulte natural.

Al principio, no necesariamente te sentirás carismático, pero deberías notar que las personas comienzan a responderte de manera más positiva. Tomarás decisiones conscientes para ajustar tu comportamiento.

Aún mejor, hacer de estos nuevos comportamientos un verdadero hábito significa que se convertirán en parte de ti después de un tiempo sin pensar en ellos en absoluto.

Por lo tanto, relájate adoptando las técnicas que aprendes a lo largo de este libro y no tengas miedo de modificarlas solo un poco para complementar tu personalidad única. El objetivo es sacar a relucir el carisma del que ya eres capaz, no convertirte en una persona completamente nueva. Si estás tratando de transformarte repentinamente en una persona diferente con diferentes intereses y valores, no parecerás una persona carismática o auténtica, parecerás falsa, hueca y tal vez incluso un poco egoísta. Y la gente lo ve de inmediato.

El propósito de este libro es guiarte a través del proceso de volverte más carismático. Comenzaremos por comprender qué

Introducción

es (y qué no es) el carisma, seguido de consejos prácticos para ser más carismáticos.

Para comenzar, definiremos algunos de los términos que usaremos en el libro, observe más de cerca qué es el carisma y qué tan carismático eres tú en este momento en tus interacciones habituales con los demás.

1

Entender a fondo qué es el carisma

¿Qué es exactamente el carisma?

El carisma siempre es valioso, pero es prácticamente esencial para tener éxito en algunas carreras.

La política, la actuación y las presentaciones son áreas en las que el carisma te da una gran ventaja, y la falta de carisma puede significar que tu carrera nunca despegue.

Esta idea del carisma como algo que la gente tiene o no tiene puede hacer que parezca que algunas personas nacen carismáticas. En verdad, todos nacemos con la capacidad de volvernos carismáticos. Para algunas personas, las habilidades que aprenden de sus padres o su combinación de rasgos de personalidad se combinan naturalmente a la perfección para producir una persona carismática. No es magia; es un conjunto de comportamientos aprendidos.

. . .

En cambio otros, practican esas habilidades lentamente y eventualmente aprenden a volverse carismáticos.

Como hemos comentado, el carisma se compone de un conjunto de habilidades. Si tienes algunas de esas habilidades, ya tendrás cierto nivel de carisma. ¿Si los tienes todos? Eres efectivamente el actor del que estuvimos hablando más arriba en el libro. Entonces, si desarrollar carisma parece complicado, simplemente observa las habilidades que ya tienes y perfecciona antes de pasar a formar las que no tienes. Tómatelo con calma y hazlo divertido. Desarrollar carisma es un viaje agradable que puede llevarte a nuevas alturas de éxito que nunca creíste posibles.

En esencia, el carisma es simplemente una forma de conectarse con las personas a través del poder de su propia personalidad. Encontrarás que muchos peluqueros y estilistas tienen carisma. A menudo habrán desarrollado o al menos perfeccionado ese carisma a través de su trabajo porque implica mucha conexión y comunicación con sus clientes.

Lo mismo puede decirse de los vendedores. No todos los vendedores tienen carisma, pero los exitosos generalmente lo tienen en abundancia porque conectarse con la gente es la forma de vender. La gente le compra a la gente, no a las empresas. El carisma hace que la gente quiera hacer lo que tú quieres que hagan.

. . .

También hay más de una forma de ser carismático. A menudo, lo que percibimos como carisma es una combinación de comportamientos de comunicación abrumadoramente positivos. Hay habilidades específicas que te hacen más carismático. Tú puedes aplicar esas habilidades de diferentes maneras según la situación o tus propias preferencias naturales.

¿Qué hace carismático a una persona?

Es innegable que la confianza juega un papel importante en ser carismático. Es difícil captar la atención de las personas o hacer que crean que no se dan la impresión de tener confianza en sí mismos.

A menudo pensamos en las personas carismáticas como atractivas, bien arregladas y en buena forma física. Y estas cosas pueden ayudarte a proyectar confianza, pero no son esenciales para ser carismático. Definitivamente no tienes que lucir de una manera particular para tener carisma. Sin embargo, es necesario un estándar básico de aseo e higiene personal. De hecho, el simple hecho de ser carismático puede hacer que las personas te califiquen como más atractivo.

Los tres elementos clave del carisma

El carisma es increíblemente complejo e increíblemente simple al mismo tiempo, y es algo que los psicólogos y científicos del comportamiento han estado estudiando durante años. Una de las formas comunes en que se puede dividir en un formato comprensible es separarlo en tres elementos clave.

La presencia

La presencia no solo significa poder llamar la atención de una habitación. También significa estar completamente presente en una situación. Las personas carismáticas están completamente presentes en el momento.

Estar completamente presente atrae toda la atención y enfoque en la conversación que están teniendo, lo que hace dos cosas importantes. Les permite concentrarse en lo que se dice y en lo que está sucediendo y responder en consecuencia. Este tipo de presencia es crucial porque hace que la persona con la que estás hablando se sienta importante y valorada.

¿Alguna vez has escuchado el viejo dicho de que las personas no recuerdan lo que dijiste, pero recuerdan cómo les hiciste sentir?

Estar presente en cada conversación y reunión a la que asistas hará que las personas se sientan valoradas. Hará que les gustes y te recuerden más.

Esta es una de las habilidades fundamentales que tienen las personas carismáticas. Dan a los demás todo su enfoque en lugar de permitir que se distraigan. Te hacen sentir importante porque te escuchan activamente y están interesados en lo que tienes que decir. Es bastante raro que alguien esté completamente concentrado en ti, y cuando sucede, casi instantáneamente te conectas con esa persona.

Cubriremos el enfoque y la presencia con más detalle más adelante en el libro bajo comunicación y mentalidad. Pero por ahora, no te preocupes si reconoces que te resulta difícil concentrarte por completo en lo que dice la gente. Es un rasgo común y, sorprendentemente, un rastro de nuestros días de cavernícola. La parte primitiva de nuestro cerebro está en alerta constante de amenazas y se distrae fácilmente. Si aún no has aprendido técnicas para apagarlo, entonces no estás solo. En algunas situaciones, distraerse con facilidad es vital para sobrevivir.

Sin embargo, en otros, puede hacerte mucho menos agradable y obstaculiza tu capacidad para establecer conexiones.

Ahora que sabes que es esencial, puedes comenzar a entrenar tu cerebro para que permanezca concentrado.

Esto se puede hacer practicando la meditación y la atención plena, que explicaremos con más detalle. Con el tiempo y con la práctica, te resultará mucho más fácil concentrarte en una cosa durante algún tiempo. No solo te hará más carismático, ¡también puede hacerte más productivo!

El poder

. . .

No es necesario ser un director ejecutivo, una superestrella de Hollywood, el presidente de los Estados Unidos o increíblemente rico para tener el poder suficiente para ser carismático.

La percepción del poder puede provenir de algo tan pequeño como tu capacidad para influir en los demás o tu conocimiento de un tema en particular. La fuerza física y el estatus social también son indicadores de poder que pueden aumentar tu carisma.

Cuando las personas te perciben como poderoso, automáticamente te otorgan una autoridad y un respeto específicos que son una parte integral del rompecabezas del carisma.

El calor

La calidez es lo que te hace agradable y proviene de una conexión genuina con los demás, la empatía y la compasión.

La calidez es una combinación de muchos rasgos diferentes. Las personas que se perciben como cálidas suelen ser auténticas, demuestran un genuino interés en los demás, y no tienden a chismorrear. Son dignos de confianza y sientes que se preocupan por tus intereses. Cuando alguien muestra calidez, te hace sentir bien contigo mismo y te hace abrirte y hablar con él.

. . .

Lo más importante es que todos estos elementos de carisma se evalúan principalmente a través de medios no verbales. A menudo no es lo que dices; lo que más importa es cómo lo dices y qué se transmite a través de tu lenguaje corporal. Entonces, supón que tú eres el tipo de persona que tiene dificultades para entablar una conversación. En ese caso, podría ser reconfortante darte cuenta de que puedes volverte más carismático sin siquiera decir una sola palabra.

Eso no quiere decir que tus palabras no importen.

Puedes mejorar o dañar tu carisma con las palabras que dices. Aún así, en general, puede recuperarse más rápidamente de decir algo incorrecto con el lenguaje corporal y la entonación correctos que de decir lo correcto pero interpretar incorrectamente los elementos no verbales.

Igualmente significativo es que es la combinación de estos elementos lo que hace que alguien sea carismático. Una abundancia de calidez sin poder ni presencia te hará agradable pero no increíblemente carismático.

Del mismo modo, estar muy presente y proyectar poder sin calidez te hará intimidante en lugar de carismático.

Habilidades del carisma

. . .

Otra forma de dividir el carisma en partes específicas es dividirlas en áreas de habilidades particulares. De esa manera, puedes identificar qué habilidades ya tienes y dónde necesitas mejorar. Cada habilidad se vincula directamente con uno de los tres elementos de carisma anteriores.

Expresividad emocional

Las personas carismáticas son buenas para expresar sus sentimientos de manera espontánea, generalmente de una manera positiva. Las emociones que muestran parecerán genuinas para los demás, lo que las hace atractivas. Son expertos en mostrar emociones positivas como gratitud y alegría de una manera casi contagiosa.

Sensibilidad emocional

Las personas carismáticas son buenas para leer las emociones de los demás y responder en consecuencia, lo que fomenta la conexión emocional. Siempre parecen saber qué decir. Esto se debe a que son excelentes para captar las pequeñas señales emocionales y de comportamiento que otros dan inconscientemente.

Control emocional

. . .

Las personas carismáticas pueden controlar y regular sus emociones. Solo muestran los sentimientos que quieren que veas y los muestran de la manera más efectiva posible.

Expresividad social

La gente carismática interactúa socialmente con facilidad. Son excelentes conversadores que eligen sus palabras y lenguaje corporal con cuidado.

Sensibilidad social

Las personas carismáticas son expertas en leer e interpretar situaciones sociales, escuchar atentamente a los demás y agarrar la onda de los demás.

Control social

Las personas carismáticas son excelentes para adaptarse a cualquier entorno social. Saben adaptar sus comportamientos para ser aceptados por casi cualquier grupo de personas.

Existe más de un tipo de carisma

Usamos el carisma como un término general para las personas que aparentemente pueden interactuar sin esfuerzo e inspirar a otros. Pero no hay una única forma de ser carismático. Discutimos los tres elementos del carisma hace un momento y, de hecho, necesitas los tres aspectos combinados para ser considerado carismático. Sin embargo, la forma en que se combina esos elementos puede resultar en tipos muy diferentes de carisma.

Cuando proyecta alta potencia con menor presencia y calidez, estás demostrando carisma de autoridad. Alta calidez y presencia con menor poder es el carisma de la personalidad. Descubrirás que uno puede ser más adecuado para situaciones particulares que otro. Además, algunos te resultarán más naturales que otros, dependiendo de tu propio tipo de personalidad.

Tipos de personalidad

Tu personalidad es una combinación de tu comportamiento, características, actitud y estilo. Estos atributos únicos se combinan para hacerte la persona que eres. La personalidad no es estática, aunque a menudo se forma bastante temprano en nuestras vidas. Varios factores influyen en su naturaleza, incluidos tus antecedentes familiares, experiencias de vida, el ambiente actual y la educación.

Hemos hablado de cómo los diferentes tipos de personalidad podrían adaptarse más naturalmente a mostrar ciertos tipos de carisma. Pero, ¿cómo averiguar tu tipo de personalidad para asegurarte de sacar lo mejor de tu carisma?

. . .

Hay varias metodologías de creación de perfiles de personalidad, pero una de las más conocidas y utilizadas es Myers Briggs, así que veamos esa para ayudarte a descubrirlo.

Tipos de personalidad de Myers-Briggs

Una de las herramientas de elaboración de perfiles de personalidad más populares es Myers-Briggs.

Si no conoce su tipo, existen numerosos recursos en línea donde puede completar un cuestionario y le devolverá su tipo de personalidad.

Los tipos son una combinación de letras que le indican si es:

- Introvertido (I) o Extrovertido (E): Este es donde enfocas tu atención y ganas energía.
- Intuitivo (N) o sensorial (S): así es como absorbes la información.
- Pensar (T) o Sentir (F): así es cómo procesa la información.
- Juzgar (J) o Percibir (P): así es como lidias con el mundo.

Entonces, un INFJ es introvertido, intuitivo, sensible y crítico.

. . .

Myers-Briggs es útil para tener una idea de cómo te encuentras con otras personas ahora, y pueden ser razonablemente precisas.

Sin embargo, si su tipo de personalidad no parece muy carismático, no te preocupes. Las personas pueden cambiar de un tipo a otro, dependiendo de sus circunstancias y situación.

Aquí hay un breve desglose de los diversos tipos de Myers Briggs y cuán carismáticos tienden a ser.

Tipos de personalidad con más naturalidad en la habilidad carismática

Como era de esperar, casi todos los tipos de personalidades extrovertidas tienden a ser más carismáticos.

Aún así, una agradable sorpresa es que varios tipos de introvertidos también hacen lo mismo que el carismático.

Pensamiento sensible, intuitivo, juicioso e introvertido: los INFJS son introvertidos que no tienden a buscar la compañía de otros.

Sin embargo, pueden ser sorprendentemente carismáticos cuando interactúan con otros. Son particularmente buenos para comunicarse debido a su forma de hablar que cautiva la atención de los demás. INFJ a menudo puede caerse presentándose como poderosos o demostrando un alto nivel de calidez.

Pensamiento sensible, juicioso, intuitivo y extrovertido: los ENFJS suelen ser buenos animadores, y su capacidad para captar las señales emocionales de los demás los hace buenos para proyectar en particular, la calidez.

Tienen una forma de actuar que hace que los demás se sientan bien. Suelen llamar la atención de las personas, lo que les da un cierto aire carismático al que es difícil resistirse.

Percepción de sentimientos intuitivos extrovertidos: los ENFP son muy buenos para usar su encanto para persuadir a los demás. Aún así, ocasionalmente pueden ser propensos a episodios de incomodidad social.

En general, son muy atractivos y excelentes para hacer que los demás se sientan escuchados, y pueden parecer muy carismáticos, especialmente si hablan de una idea que les apasiona.

Pensamiento intuitivo, introvertido y juicioso: los INTJ tienden a ser introvertidos pero muy inteligentes, haciéndolos parecer carismáticos cuando están interesados en el tema del que están hablando.

. . .

Pensamiento introvertido emocionalmente intuitivo y perceptivo: los INFP tienen un gran sentido del humor, que en las circunstancias adecuadas puede hacerlos carismáticos.

También son excelentes oyentes y adeptos a hacer que las personas se sientan comprendidas, otra característica vital de las personas carismáticas.

Pensamiento intuitivo extrovertido, pensativo y juicioso: ENTJ a menudo son excelentes en el carisma de autoridad. A menudo parecen más grandes que la vida y son muy extrovertidos.

No siempre son buenos para escuchar a los demás y, a veces, pueden hacer que las personas se sientan en una posición de "tómalo o déjalo".

Percepción extrovertida del pensamiento intuitivo: los ENTP son brillantes para leer a las personas. Combinado con su sentido del humor y habilidades de comunicación perfeccionadas, tienden a tener una forma carismática sin esfuerzo sobre ellos.

Pensamiento extrovertido, sensible emocional y juicioso: los ESFJ son muy empáticos, lo que les otorga una alta calificación de calidez. Suelen ser muy populares y extrovertidos y pueden parecer muy carismáticos.

Extrovertido, sensible, pensativo y perceptivo: Los ESTP suelen ser muy carismáticos. Su forma de hablar y la capacidad de hacer que los demás se sientan especiales los hace magnéticos. Son muy enérgicos y les encanta socializar.

Tipos de personalidad con menor carisma incorporado:

Las personas con este tipo de personalidad tienen menos probabilidades de parecer carismáticas por naturaleza. Sin embargo, con las habilidades adecuadas y algo de práctica, pueden volverse tan carismáticos como cualquier otro tipo de personalidad. Si tu eres uno de los siguientes tipos de personalidad, puedes aprender absolutamente cómo desarrollar el carisma.

Percepción del pensamiento intuitivo introvertido: los INTP tienden a vivir vidas muy internas y rara vez se muestran carismáticos. Se distraen muy fácil y puede parecer que a veces no ponen atención a lo que les digas.

Juicio del pensamiento sensitivo introvertido: los ISTJ están muy enfocados, pero también tienen una cierta cantidad de calidez que los hace agradables. Son grandes creyentes en el deber y la responsabilidad, y su naturaleza enfocada los convierte en buenos oyentes también.

Juicio extrovertido del pensamiento sensible: los ESTJ son extrovertidos y confiados, pero pueden parecer que carecen de calidez o tienen un interés genuino en los demás. A veces dan la impresión de que se involucran en sí mismos, pero por lo general son bastante entretenidos y el alma de la fiesta.

Introvertido, sensible y juicioso: los ISFJ son cálidos y generosos, lo que los hace agradables, pero pueden carecer de confianza en sí mismos y tienden a ser bastante introvertidos.

Introvertido, perceptivo y pensativo: los ISTP tienden a evitar interactuar con los demás y, a menudo, no es probable que estén interesados en parecer carismáticos. Son fácticas y pueden considerarse bastante contundentes.

Pero su actitud de despreocupación cuando se trata de cómo los ven los demás los hace parecer nerviosos y fríos y les da un aire carismático.

Introvertido, perceptivo y sensible: los ISFP tienden a ser callados y tímidos, pero están muy en sintonía con los sentimientos de los demás y son bastante empáticos. Son agradables pero no tienen mucha confianza en sí mismos y no disfrutan de mucha interacción social.

Los ESFP son generalmente el centro de atención dondequiera que vayan y rara vez son tímidos o socialmente incómodos. Esa confianza hace que la gente se sienta cariñosa con ellos. Como los ESFP rara vez se toman a sí mismos demasiado en serio, su sentido del humor también es atractivo.

. . .

Conocer tu tipo de personalidad de Myers Briggs te permite comprender cómo otras personas pueden percibirlo. Sin embargo, para aprovechar al máximo el aprendizaje de tu tipo de personalidad, debes ser totalmente honesto al responder las preguntas. No hay respuestas correctas o incorrectas, así que en base tus respuestas en cómo te comportas o reaccionas con más frecuencia y trata de ser lo más objetivo posible.

Myers Briggs es probablemente la herramienta de creación de perfiles de personalidad más popular, pero no es la única. Otra herramienta popular es el Eneagrama.

Eneagrama

El Eneagrama identifica nueve tipos de personalidad diferentes:

El reformador: es un tipo perfeccionista que tiene mucho control emocional pero puede carecer de la calidez para ser verdaderamente carismático.

El auxiliar: es increíblemente cálido y cariñoso, con un fuerte impulso de complacer a la gente. Tienen mucha calidez pero pueden carecer del control emocional para ser verdaderamente carismáticos.

El triunfador: es increíblemente motivado, seguro de sí mismo y enfocado en el éxito. Son muy conscientes de su imagen y son el tipo de eneagrama más carismático por naturaleza.

El individualista: es muy introvertido pero puede tener tendencia a ser dramático. Son muy expresivos emocionalmente, pero tienden a carecer de control emocional y conciencia.

El investigador: es muy inteligente y puede ser muy consciente de las emociones. Aún así, también es bastante introvertido y puede carecer de calidez.

El leal: es muy responsable y puede ser bastante encantador. Tienen una tendencia a la ansiedad que puede impedirle ser carismático. Aún así, si tiene un alto control emocional, es muy capaz de ser carismático.

El entusiasta: siempre está en movimiento, es muy espontáneo y es divertido estar cerca.

Son la vida y el alma de la fiesta, pero se distraen fácilmente y pueden tener dificultades para estar completamente presentes en el momento.

El desafiante: es muy confiado y asertivo, pero puede tender a ser confrontativo y agresivo, lo que puede estar en el camino de que sean considerados carismáticos.

El pacífico: es tolerante y muy agradable. A pesar de que es fácil llevarse bien con ellos, a menudo son ellos mismos los que se desaprueban. Pueden dar la impresión de que carecen de confianza. Puede descubrir su tipo de Eneagrama haciendo un breve cuestionario en línea, hay muchas versiones gratuitas disponibles.

Una gran cosa acerca de la comprensión de los tipos de personalidad es que te ayuda a mejorar en responder a las personas de la manera que más les convenga y puede convertirte en un mejor comunicador con los demás, una habilidad de carisma esencial. Si puedes identificar tu tipo de personalidad, podrás ajustar tu estilo de comunicación para adaptarte mejor a las preferencias de los demás. El solo uso de esta simple habilidad puede aumentar drásticamente las posibilidades de que te encuentren carismático.

2

Tus niveles de carisma

Ya hemos visto que tu tipo de personalidad puede darte una idea de cómo te perciben los demás, incluso con qué carisma te encuentras. Sin embargo, uno de los problemas de completar una autoevaluación es que estás respondiendo en función de lo que piensas y, a veces, los demás no nos ven de la forma en que nos vemos nosotros. Además, el carisma es algo tan difícil de definir. Lo sabemos cuando lo vemos, pero descomponerlo en sus componentes básicos puede ser muy difícil.

En este capítulo, analizaremos la evaluación de tus niveles de carisma actuales más allá de Myers-Briggs u otros modelos de tipo de personalidad.

Harás esto desglosando los elementos del carisma y evaluando dónde te encuentras en esa escala. Hasta cierto punto, esto sigue siendo subjetivo, pero deberías proporcionar un análisis más profundo de tus niveles de carisma actuales.

Calcule fácilmente su puntuación de carisma.

Discutimos anteriormente las seis habilidades esenciales asociadas con el carisma. Responde estas sencillas preguntas de sí / no para identificar qué habilidades tienes y dónde podrías aterrizar en la escala de carisma. Por cada 'sí', date un punto:

Sensibilidad social

- ¿Te sientes cómodo con la etiqueta social?
- ¿Consideras tus palabras antes de hablar?
- ¿La gente dice que eres un buen oyente?
- ¿Siempre te aseguras de presentarte bien en las redes sociales?
- ¿Prestas atención a otras personas en tu entorno?

Control social

- ¿Otras personas te consideran seguro de ti mismo?
- ¿Te resulta fácil llevarte bien con todo tipo de personas?
- ¿Es natural que tomes la iniciativa en un grupo?
- ¿Te resulta fácil entablar una conversación con extraños?
- ¿Es raro que te sientas incómodo o nervioso en una reunión social?

Expresividad social

- ¿Te sientes cómodo, incluso cuando estás rodeado de gente que no conoces?

- ¿Puedes participar fácilmente en conversaciones sobre muchos temas diferentes?
- ¿Tomas la iniciativa de presentarte a nuevas personas?
- ¿Te consideras un excelente orador público?
- ¿Los demás te consideran sociable y extrovertido?

Sensibilidad emocional

- ¿Sientes empatía a menudo con lo que otras personas sienten?
- ¿Puedes leer fácilmente las emociones de otras personas, incluso si están tratando de ocultarlas?
- ¿Tus amigos sienten que realmente escuchas y te preocupas por sus problemas?
- ¿Se te considera una persona tranquilizadora?
- ¿Los demás mencionan a menudo cómo parece que los entiende?

Control emocional

- ¿Puedes ocultar fácilmente tus emociones reales a los demás si lo deseas?
- ¿La gente acude a ti en busca de tranquilidad en situaciones estresantes?
- ¿Eres capaz de expresar tus emociones en el momento justo?
- ¿Eres capaz de mantener la calma y la compostura incluso cuando los demás entran en pánico?
- ¿Crees que la gente a menudo no puede saber lo que sientes por dentro?

Expresividad emocional

- ¿Eres considerado el alma de la fiesta?
- ¿Te han dicho otros que tienes un rostro expresivo?
- ¿Te resulta difícil mantener la cara en blanco e inexpresiva?
- ¿La gente te considera una persona muy enérgica?
- ¿Eres delicado con la gente cuando hablas?

Si obtuviste más de 20, probablemente serías considerado carismático. 25-30 es muy carismático.

Es común ser más fuerte en uno o dos de los elementos de carisma anteriores que en los demás, pero lo ideal es que tengas un equilibrio entre ellos. La falta de habilidades en cualquier sección puede dañar tu carisma. Por ejemplo, alguien con un alto control emocional pero una baja sensibilidad emocional puede parecer poco sincero en lugar de carismático porque no proyecta la calidez necesaria para equilibrarlo.

Una alta expresividad emocional sin un alto control emocional puede hacerte parecer errático o "hiperactivo".

Desarrolla rápidamente las habilidades del carisma.

Si tienes una puntuación baja en el cuestionario de carisma anterior o deseas repasar las secciones que te faltan, aquí hay algunos consejos rápidos para aumentar tu carisma:

Confianza / Ansiedad

La confianza en uno mismo es esencial para ser carismático. Si te preguntas constantemente, esto se mostrará en tu lenguaje corporal y expresiones faciales.

La ansiedad y la inseguridad en ti mismo dificultan que las personas se sientan afectuosas contigo porque, a menudo, inconscientemente percibirán tu malestar.

Cuando eso sucede, las personas a menudo supondrán que te están haciendo sentir incómodo en lugar de una falta general de confianza de tu parte. Y esto puede hacer que se sientan mal e incómodos a tu alrededor.

Las personas atraen hacia ellos a aquellos que los hacen sentir bien consigo mismos, por lo que es un desafío ser carismático si tu ansiedad involuntariamente hace que las personas se sientan angustiadas.

Por supuesto, incluso las personas carismáticas tienen que lidiar con un poco de ansiedad y, a veces, los golpes en la confianza en sí mismos, eso es simplemente una parte integral del ser humano. Sin embargo, poder domesticar y controlar esta ansiedad es esencial para parecer constantemente carismático.

Conciencia de los demás / Inteligencia interpersonal

. . .

Ser carismático implica hacer que los demás se sientan bien consigo mismos.

Hacer eso significa captar pequeñas señales que le dan pistas y una idea de sus emociones y pensamientos. También significa escuchar correctamente para que esté presente y pueda responder adecuadamente.

Como comentamos brevemente antes, las respuestas apropiadas son más que decir las palabras correctas. Tu lenguaje corporal puede marcar la diferencia más significativa en la forma en que las personas te responden.

Influencia y persuasión

El aspecto de poder del carisma significa poder influir y persuadir a los demás. Hay muchas formas de lograr esto, y si no tienes ninguna autoridad o poder aparente, a veces la calidez es la clave para abrir el poder.

Ser simpático significa que es más probable que las personas quieran hacer cosas por ti, lo que te permite influir en ellas y, a su vez, te hace poderoso.

Introvertido o extrovertido

¿Eres introvertido o extrovertido? Tocamos esto brevemente como parte de nuestra exploración de los tipos de personalidad en el Capítulo 1. El concepto de introvertidos y extrovertidos como lo conocemos comenzó con un médico psiquiatra de nacionalidad Suiza, pionero de la psicología profunda y fue uno de los más leídos en el siglo XX, llamado Carl Gustav.

Puede parecer que a los extrovertidos les resulta más fácil desarrollar el carisma, pero eso no significa que los introvertidos no lo sean o que yo no pueda volverme carismático. Los introvertidos a menudo tienen una ventaja oculta: son los mejores oyentes y tienden a pensar antes de hablar.

Pero, ¿qué significa ser introvertido o extrovertido?

En pocas palabras, la interacción social estimula a los extrovertidos y se agotan por el tiempo que pasan solos. Los introvertidos se revitalizan a través del tiempo que pasan solos y pueden encontrar interacciones sociales intensas y agotadoras. Eso no quiere decir que los extrovertidos nunca necesiten un tiempo a solas, o que los introvertidos odien cada actividad social, pero muchas de esas actividades pueden dejarlos sintiéndose agotados.

La mayoría de nosotros nos sentimos cómodos descubriéndonos a nosotros mismos como introvertidos o extrovertidos. Aún así, la mayoría de nosotros somos realmente ambivalentes, capaces de flexionar a lo largo de la escala de introversión-extroversión dependiendo de una variedad de factores. Obsesionarse demasiado con la idea de sí mismo como en un extremo de la escala puede obstaculizar tu autodesarrollo.

Es un error común pensar que solo los extrovertidos son carismáticos, pero eso no es cierto en absoluto. Hay diferentes formas de ser carismático, y ser introvertido no es una barrera para desarrollar el carisma. Los extrovertidos pueden tener una clara ventaja, pero los introvertidos también pueden ser increíblemente carismáticos.

Y a pesar de nuestra insistencia en que somos uno o el otro, la mayoría de nosotros somos ambivalentes y capaces de movernos entre los dos tipos según lo requiera la situación.

Comportamientos: ¿estás enviando señales de anti-carisma?

Los comportamientos y el lenguaje corporal correctos pueden impulsar drásticamente tus señales de carisma.

Pero las acciones y lenguaje corporal equivocado actúan como señales anti-carisma.

¿Cómo reaccionas en determinadas situaciones?

Las personas carismáticas son generalmente reflexivas y serenas. Evitan reacciones dañinas o exageradas, y las personas más carismáticas son expertas en evitar cualquier negatividad accidental.

La gente se aferra a la negatividad; desafortunadamente, es

una reacción humana el prestar la mayor atención a algo que podría ser peligroso o malo. Entonces, cuando dices cosas como "no hay problema", la gente se concentra en la parte del "problema", a pesar de las intenciones positivas. La gente carismática dice algo de una manera positiva y específica que no deja lugar a la ambigüedad.

Cubriremos esto con mucho más detalle en más adelante, pero prestar atención a lo positivo que hablas y reaccionas puede ayudarte a ser más consciente de los mensajes que estás enviando a los demás sobre tu forma de pensar y quién eres tú.

¿Qué señales envías a través del lenguaje corporal?

Puede que te sorprenda saber que la mayor parte de tu comunicación no se realiza a través de las palabras que utilizas. Otros valorarán más el uso de tu lenguaje corporal para interpretar el significado de tu mensaje que tus palabras.

Por lo tanto, estar atento y consciente de tu lenguaje corporal puede ayudarte a volverte instantáneamente más carismático.

Otra buena razón para desarrollar una comprensión del lenguaje corporal es leer y reaccionar a las emociones de otras personas de manera más efectiva y así aumentar su percepción de calidez hacia los demás.

. . .

Comprender el lenguaje corporal te da una idea significativa de lo que otros pueden estar pensando o sintiendo.

El lenguaje corporal que hay que evitar

Si quieres parecer más carismático, evita estas señales del lenguaje corporal que te hacen parecer ansioso:

- *La inquietud:* por ejemplo, hacer clic en un bolígrafo, golpear con los dedos en una mesa, mover el pie.
- *Bostezar:* puede parecer que no estás escuchando o no estás interesado en lo que dice la gente.
- *Escaneo constante:* mirar alrededor de la habitación y evitar contacto visual.
- *Preocuparse por su ropa:* por ejemplo, ajustarse una corbata, alisar una falda, quitarse las pelusas de la ropa
- *Brazos cruzados*
- *Hombros encorvados*
- *Músculos tensos:* este es un gran indicio de nerviosismo.

Lenguaje corporal para cautivar

Estas señales de lenguaje corporal ayudan a enviar el mensaje de que estás relajado y confiado. Son las señales del lenguaje corporal que esperarías ver de personas carismáticas. Al adoptar conscientemente algunos de estos al hablar, automáticamente te verás más seguro y carismático.

· · ·

Sonreír: una sonrisa cálida y genuina que muestra los dientes te hace lucir confiado y relajado. También ayuda a que los demás se sientan cómodos.

Sonrisas genuinas llegan a tus ojos, haciéndolos arrugar levemente en las esquinas.

Buen contacto visual: el contacto visual constante es una de las mejores formas de parecer asertivo y seguro. Si eres reacio a hacer contacto visual, parecerás nervioso o tal vez incluso indigno de confianza.

Inclínate un poco hacia adelante: cuando hablas, las personas con las que habla se sienten como si estuvieras compartiendo algo importante. Por otro lado, cuando alguien más está hablando, puedes hacerlos sentir que todo el foco está en ellos y que estás prestando mucha atención.

Mantén los hombros hacia atrás y relajados, con la barbilla paralela al piso: esta acción indica que alguien se siente cómodo con su piel y siente que pertenece. Hacer de esta tu postura predeterminada es una forma rápida de parecer instantáneamente más seguro y carismático.

Estas no son listas exhaustivas, pero son buenos puntos de partida para mejorar tu lenguaje corporal. Otro gran hábito en el que puedes incursionar es observar el lenguaje corporal de las personas carismáticas e intentar reflejarlo.

. . .

¿Te preparas antes de eventos importantes?

Prepararse para situaciones en las que se desea ser increíblemente carismático, como una entrevista de trabajo, una primera cita o una reunión escolar, es esencial. Querrás tomarte el tiempo para adoptar la mentalidad adecuada para la ocasión y trabajar con ejercicios para reducir los sentimientos incómodos que tienes sobre la situación. Si no lo haces, tus sentimientos conscientes o subconscientes se filtrarán a tu lenguaje corporal.

Las personas a menudo pasan por alto el tiempo necesario para descomprimirse o adoptar la mentalidad adecuada entre una situación y otra.

Por ejemplo, supongamos que tienes una entrevista de trabajo para dejar un trabajo muy estresante o insatisfactorio para comenzar una nueva carrera emocionante. Bueno, supongamos que pasa directamente de su trabajo estresante a una situación de entrevista. En ese caso, tendrás algo de estrés persistente debido a la situación del lugar de trabajo que acabas de dejar. Tu lenguaje corporal y pensamiento que muestres durante tu entrevista reflejarán tu estrés. Desafortunadamente, esto no te ayudará a parecer carismático cuando más lo necesites.

Tomarse el tiempo para relajarse haciendo algo relajante y ponerse en el estado de ánimo adecuado para una entrevista aliviará este problema. Lo que funcione mejor para ti será personal. Por ejemplo, algunos pueden reproducir una lista motivadora de música edificante para cambiar a la mentalidad correcta. La música puede mejorar positivamente tu estado de ánimo y tu actitud. Escuchar música que asocie con el éxito o las experiencias divertidas puede ayudarte a recuperar esos sentimientos, casi como si estuvieras de regreso en el momento.

Para otros, una hora en un lugar tranquilo, escribir en un diario o usar la meditación de atención plena es la mejor opción para ellos. Los diarios de gratitud pueden ser particularmente útiles para ayudarte a adoptar la mentalidad adecuada para una situación. Y los beneficios de la meditación están bien estudiados y son muy impresionantes.

Visualizar un resultado exitoso también puede marcar una diferencia real en cómo te sientes y las señales que envías en una situación particular. Si te encuentras pensando en formas en las que podría salir mal, detente y comienza a imaginar exactamente cómo estarías si todo saliera perfectamente. Entrar en cualquier situación con el estado de ánimo adecuado y sentirse preparado puede marcar una gran diferencia en lo bien que puedes proyectar confianza y parecer carismático.

Comportamientos carismáticos

Estos son algunos de los rasgos de personalidad más carismáticos:

. . .

Escuchar activamente: escuchar activamente es cuando te enfocas completamente en la persona con la que te estás comunicando y no permites distracciones internas o externas. Simplemente escuchando, haces que la persona se sienta única y valorada. No hay necesidad de agregar tu punto de vista o darles tu juicio a menos que lo pidan.

Tratar a todos con respeto: las personas carismáticas no son enérgicas ni agresivas. Tienen una asombrosa habilidad para persuadir e influir en las personas, pero lo hacen haciendo que las personas quieran hacer lo que les piden. Lograr el respeto de los demás casi siempre se logra haciendo que las personas se sientan escuchadas y valoradas, y nada hace que las personas se sientan más relevantes que cuando se las trata con total respeto.

Sonreír con frecuencia: hemos comentado anteriormente cómo sonreír es una poderosa señal de lenguaje corporal para ser carismático. Sonreír ayuda a tu carisma de dos maneras. No sólo tranquiliza a otras personas y te hace parecer más cálido. También te hace sentir más feliz y seguro.

El simple hecho de sonreír envía una señal a tu cerebro que te hace sentir más feliz, incluso cuando no eres demasiado optimista.

Hacer hincapié en recordar los nombres y los pequeños detalles de las personas: el uso de la "letra pequeña" de las personas es otra forma marcada de hacer que las personas se sientan especiales.

Recuerda que ser carismático tiene más que ver con la forma en que haces sentir a las personas que con cualquier otra cosa. Cuando te propones recordar los nombres de las personas y recordar pequeños detalles sobre ellas, como a dónde fueron de vacaciones o los nombres de sus hijos, les hace sentir que les estás prestando atención.

Aceptar y dar cumplidos de una manera genuina: cuando las personas te hacen cumplidos, ¿los aceptas con amabilidad, los ignoras? Cuando no aceptas un cumplido, la persona que te felicita puede sentirse mal consigo misma, pero aceptarlo positivamente la hace sentir bien. Dar cumplidos atentos y genuinos también es una excelente manera de hacer que las personas se sientan especiales.

Una vez más, estas no son todas las formas de volverse más carismático. Sin embargo, si puedes marcar la mayoría de estos actos simples como comportamientos que muestra, o hacer un esfuerzo consciente para mostrarlos, entonces estás en camino a ser carismático.

¿Qué es lo que quieres lograr?

Si has leído un libro sobre carisma, entonces es un área que te interesa. Pero, ¿por qué quieres mejorar tu atractivo? Tu motivación para desarrollar tu carisma puede ayudarte a comprender qué tipo de encanto necesitas construir para obtener los mejores resultados.

• • •

¿Quieres crear mejores primeras impresiones socialmente y en entrevistas de trabajo?

¿Estás buscando desarrollar el éxito profesional utilizando el carisma para ayudarte a negociar e influir en tu camino hacia la cima de la escalera? ¿Quizás quieras crear mejores primeras impresiones? ¿O lograr más éxito social?

Para aprovechar su potencial de carisma, deberá comprender qué es lo que lo impulsa. ¿Cuáles son tus motivaciones y tus miedos?

Como hemos visto, existen diferentes tipos de carisma, incluido el carisma de autoridad y el carisma personal. Si bien las habilidades son básicamente las mismas para estos dos tipos de carisma, comprender lo que deseas lograr te ayudará a saber en qué concentrarte primero.

Para el carisma personal, la calidez debe ser un enfoque clave. Para la autoridad, el carisma, la presencia y el poder son esenciales.

Ahora debes saber qué es el carisma, qué quieres lograr volviéndote más carismático y cuán carismático eres actualmente. A continuación, veremos el Capítulo 3 y veremos exactamente cómo cambiar su forma de pensar para volverse más feliz y carismático.

3

Exactamente cómo arreglar tu mentalidad

¿Qué es la mentalidad?

La mentalidad es la forma en que ves el mundo. Tus percepciones y prejuicios crean tu forma de pensar, y es tu forma de pensar la que determina cómo reaccionas y respondes a diferentes situaciones. También es tu interiorización de ciertas creencias, y algunas de estas creencias se vuelven autolimitantes. Son estas creencias las que te impiden tener éxito y parecer carismático.

Pero, ¿qué tiene que ver la mentalidad con el carisma?

¡Todo!

. . .

Es posible que sientas que eres excelente para ocultar sus emociones y pensamientos negativos, pero lo más probable es que fluyan hacia su lenguaje corporal y comportamientos.

Una mentalidad positiva es vital para el carisma porque cuando hablas o te comunicas con otros, sin darte cuenta, transmites mensajes sobre tu mentalidad a través de tus palabras y lenguaje corporal que ellos pueden captar. Esto es importante porque nos atrae y nos cautiva la positividad y el éxito.

Por lo tanto, las personas con la mentalidad adecuada son naturalmente atractivas para los demás y es más probable que mantengan su atención.

El vínculo entre la mentalidad y el éxito está bien establecido. Por lo tanto, no es sorprendente que, considerando cómo el carisma está vinculado al éxito, esa mentalidad estará fuertemente vinculada al carisma.

¿Cómo influye la mentalidad en el carisma?

Hay más en tu personalidad que tus rasgos externos. Tu forma de pensar es una gran parte de quién eres y cómo te perciben los demás. Una mentalidad positiva es crucial para un mejor carisma porque nada fuera de eso puede evitar que te perciban como carismático.

. . .

Las personas con una mentalidad positiva son naturalmente carismáticas e inspiradoras. Cuando hablan, la gente escucha. La gente carismática a menudo se describe cómo magnética, y su positividad les da cualidades atractivas que atraen instantáneamente a muchos.

Las personas negativas, por otro lado, se agotan para estar cerca. Después de pasar tiempo con alguien negativo, a menudo te sentirás física y mentalmente agotado y un poco más pesimista.

Sin embargo, las personas positivas tienen una energía contagiosa.
Ellos pueden hacer que se sienta animado y positivo después de pasar tiempo con ellos. Naturalmente, es la positividad lo que más nos atrae porque obtenemos un impulso con solo estar cerca de este tipo de personas.

Las personas carismáticas siempre tienen una mentalidad positiva. Es casi imposible ser carismático si eres una persona negativa o si siempre estás esperando lo peor.

Obtienes lo que esperas

Tu forma de pensar a menudo determina las oportunidades que se te presentan. Cuando estás en sintonía con el pensamiento negativo, ves y atraes la negatividad. El uso repetido de patrones de pensamiento negativo conectará su cerebro para responder en consecuencia al buscar sesgos de confirmación en cada situación. Sin embargo, si has entrenado a tu cerebro para buscar aspectos positivos, los encontrarás por ti mismo. Ahora el sesgo de confirmación está funcionando a tu favor.

Cuando busques cambiar tu forma de pensar, el mejor lugar para comenzar es con tus palabras y, en particular, las palabras que usas hacia y sobre ti. Si siempre te dices cosas negativas sobre quién eres, entonces eso es esencialmente lo que serás. Interiorizas esas palabras como creencias e inconscientemente te aseguras de que tus comportamientos coincidan con las expectativas que tienes de ti mismo.

Las palabras que usas sobre ti mismo para otras personas también son importantes. Si le cuentas a la gente cosas negativas sobre ti y son constantemente autocríticos, comenzarán a aceptar lo que dices sobre ti mismo y comenzarán a buscar evidencia que lo respalde como la verdad. Aunque de otra manera no te habrían visto bajo esta luz negativa. Por otro lado, decir cosas en su mayoría positivas sobre ti mismo sugerirá que los demás asocien estas cosas positivas contigo.

Tus palabras son poderosas. Esa es una de las razones por las que las afirmaciones son tan populares.

No es un encantamiento mágico, pero funciona para restablecer tu mentalidad porque tu cerebro está enviando un mensaje particular alimentándolo de manera más positiva.

Con el tiempo, esto puede reconfigurar tus patrones de pensamiento y cómo te percibes a ti mismo.

Adquiere el hábito de notar las palabras que usas sobre ti. Cuando sean negativas, intenta reemplazarlas con algo positivo. Las palabras con las que las reemplaces deben ser algo que creas que es verdad. Por ejemplo, si te dices a ti mismo, no soy carismático, entonces decirte a ti mismo que lo eres no será creíble. En su lugar, di: "Estoy estudiando y practicando las habilidades que me harán más carismático" o "mi nivel de carisma está mejorando todo el tiempo".

Ejercicios para cambiar la mentalidad

Cambiar tu forma de pensar requiere de mucho trabajo, pero los resultados valen la pena.

Aquí hay una colección de ejercicios que te ayudarán a cambiar una mentalidad negativa a una positiva; uno que te hará naturalmente más carismático.

Afirmaciones

Las afirmaciones son declaraciones positivas que pueden ayudarte a superar los pensamientos negativos sobre ti mismo. También son uno de los ejercicios más sencillos de incorporar a tu rutina. Tómate un tiempo para repetir tus afirmaciones positivas todos los días, idealmente más de una vez. Cuando te despiertas y antes de irte a dormir son buenos momentos para elegir. Pero cualquier momento está bien siempre que puedas ser coherente con él.

Las afirmaciones deben convertirse en un hábito para tener éxito. Consideralas tan esenciales para tu cerebro como el ejercicio físico lo es para tu cuerpo. Funcionan muy bien, pero tienes que comprometerte a hacerlos y ser consistente para ver cualquier cambio real.

Si puedes comprometerte a hacerlas con regularidad, verás un gran cambio en la forma en que piensas sobre ti mismo a lo largo del tiempo.

Es mejor escribir tus propias afirmaciones, ya que resonarán mejor con usted al sentirse más auténticas. Sin embargo, aquí hay algunas afirmaciones de muestra que puede adaptar como desee:

- Soy un buen oyente.
- Me concentro en las personas cuando hablan y escucho con atención.
- Tengo confianza.
- La gente se siente atraída por mi personalidad.
- Incluso si estoy nervioso, puedo controlar mis emociones y reacciones.
- Soy un gran conversador.
- La gente escucha cuando hablo.
- Puedo hablar con cualquiera.

- Tengo confianza y me adapto a todas las situaciones sociales.

Meditaciones

Meditar es un hábito increíble para desarrollar. Es bueno para la salud física, la salud mental y también está estrechamente relacionado con el éxito.

Al igual que las afirmaciones, la meditación es algo que debe hacerse de forma regular y constante para ver los beneficios. Hay diferentes tipos de meditaciones y pueden ser tan breves como cinco minutos, por lo que no hay excusa para no incluir una en tu rutina diaria.

La meditación ayuda con el carisma de varias formas.

En primer lugar, te ayuda a concentrarte y a eliminar las distracciones. Esto te facilita prestar toda tu atención a las personas que hablan y estar presentes en el momento. En segundo lugar, te ayuda a mantener la calma en situaciones estresantes, que es otro atributo clave que tienen las personas carismáticas.

Cuando pensamos en la meditación, a menudo pensamos en la persona sentada en el suelo con las piernas cruzadas, concentrándose en su respiración y contando hasta diez. Mientras este es un tipo de meditación muy eficaz, hay muchos otros tipos diferentes que puedes probar.

Para los principiantes en la meditación, las meditaciones guiadas suelen ser la mejor opción. Estas son meditaciones dirigidas por otra persona, a menudo a través de una aplicación o una grabación. Muchas aplicaciones de meditación guiada son gratuitas y ofrecen varias meditaciones diferentes para ver cuál funciona mejor para usted.

Si no deseas descargar una aplicación, aquí hay algunas meditaciones simples para probar:

Concéntrate en la respiración: esta es una forma muy común de meditación simple. Te concentras en tu respiración entrando y saliendo de tu cuerpo. Si tu mente divaga, la devuelves suavemente para concentrarte en la respiración.

Haz flotar tus pensamientos: esta meditación implica simplemente sentarte y despejar tu mente de todos los pensamientos. Debido a que no te estás enfocando en nada, tu mente está vacía. Por supuesto, los pensamientos entrarán en tu mente, pero los dejas flotar sin prestarles atención ni reconocerlos.

Visualización: con las meditaciones de visualización, imaginas algo tan claro que parece real. Cuando trabajas en el carisma, una buena opción es visualizar una situación en la que eres increíblemente carismático. Imagina cada pequeño detalle del entorno, lo que llevas puesto, cómo te sientes, lo que dices. Hazlo tan real como sea posible.

Meditación reflexiva: este tipo de meditación es bueno para explorar tu forma de pensar. Reflexiona sobre una situación o una pregunta, como una reunión de trabajo, una interacción social o por qué encuentra difícil cierta habilidad de carisma. Esta es una forma bastante avanzada de meditación que requiere un buen grado de autoconciencia y la capacidad objetiva de analizar su pregunta sin recurrir a la autoconversación negativa.

Creando un espacio de meditación

El entorno adecuado puede marcar una gran diferencia en el éxito de tu meditación. A continuación, se ofrecen algunos consejos para aprovechar al máximo tu sesión de meditación.

Encuentra un espacio tranquilo donde sepas que no estarás perturbado o te sentirás cohibido. Siéntate cómodamente en una silla o cojín para que no te distraiga ninguna molestia física. Intenta encontrar un lugar para meditar que tenga luz natural. Alternativamente, la luz de las velas también pueden crear el ambiente adecuado. Apaga tu teléfono y apaga todos los dispositivos. La meditación no es un momento para distracciones.

Esencialmente, la meditación es bastante simple. No te preocupes si tus pensamientos tienden a divagar al principio durante la meditación. Guíalos suavemente de regreso a donde debe estar tu enfoque. Con el tiempo mejorarás en enfocarte en tus pensamientos.

Llevar un diario

Escribir un diario es una excelente manera de explorar y mejorar tu forma de pensar. Tu diario es un espacio seguro donde puedes escribir lo que quieras sin temor a ser juzgado. Llevar un diario es perfecto para descubrir tus creencias negativas sobre ti mismo y examinar por qué piensas de cierta manera. Este nivel de comprensión es esencial para tomar medidas para mejorar cómo se ve a sí mismo y al mundo.

Al escribir un diario, debes ser honesto al explorar tus pensamientos y emociones. Es un momento para reflexionar sobre cómo manejaste ciertas situaciones, qué salió bien, qué no salió bien y cómo harás las cosas aún mejor en el futuro.

Al igual que la meditación, necesitas un espacio tranquilo y cómodo donde puedas relajarte. Apaga tu teléfono y la televisión y concéntrate completamente en tus pensamientos, emociones y lo que quieres escribir.

Puede parecer extraño al principio, pero no pienses demasiado en lo que estás escribiendo. Si tienes dificultades para comenzar, escribe lo que hiciste ese día y luego explora cómo se sintió en varios puntos y qué pudo haber impulsado ese sentimiento.

. . .

Por ejemplo, podrías escribir sobre asistir a una reunión de trabajo en la que sentiste que no expresaste bien tus opiniones. ¿Por qué no lo hiciste? ¿Fue miedo a algo?

¿Qué hay detrás de ese miedo? Cuanto más practiques escribir un diario, más fácil te volverás y más fácilmente podrás identificar y analizar tus pensamientos y emociones.

Si todavía tienes dificultades para escribir libremente, concéntrate en cómo te sientes ahora y escribe sobre eso. ¿Tienes alguna preocupación en mente? ¿O alguna cosa por la que te sientas genial? ¿Por qué esas cosas te hacen sentir así?

Una vez que hayas identificado tus pensamientos y emociones en tu diario, puedes ver cómo puedes ajustar tu pensamiento para obtener un mejor resultado o cómo puedes resolver un problema en particular o lograr un sentimiento más positivo.

Gratitud

La gratitud es una herramienta simple pero poderosa para ajustar su mentalidad a una más positiva. Al tomarte el tiempo para pensar en las cosas por las que estás agradecido conscientemente, estás llamando la atención sobre los aspectos positivos de tu vida, grandes y pequeños. Cuanto más practiques la gratitud, más fácilmente encontrarás estos aspectos positivos, lo que naturalmente te hace sentir más positivo. En tan solo ocho semanas, practicar la gratitud con regularidad puede ayudarte a volverte más positivo al volver a cablear tu cerebro para detectar aspectos positivos en todas partes.

La gratitud es fácil. Haz un esfuerzo consciente por notar las cosas por las que te sientes agradecido. Pueden ser tan pequeños como una taza de café caliente o tan grandes como tu cónyuge o tus hijos.

Puedes incorporar una práctica de gratitud en tu diario: tómate unos minutos adicionales al final de tu diario normal para pensar en las cosas por las que estás realmente agradecido y anótalas. También puedes llevar un diario de gratitud por separado si lo prefieres.

La gratitud también es una herramienta poderosa para mejorar el carisma porque puede usarse para hacer que las personas se sientan notadas. Si alguien ha hecho algo que te haya hecho sentir agradecido, díselo.

Tableros de visión

Los tableros de visión se utilizan a menudo para lograr objetivos materiales, pero pueden ayudarte con la superación personal. La idea detrás de un tablero de visión es que es un recordatorio visual de lo que quieres lograr para mantenerte encaminado.

. . .

Para crear un tablero de visión de carisma, piensa en los objetivos finales de por qué quieres ser más carismático. Busca imágenes o elementos pequeños para adjuntar a la pizarra que representa el objetivo final.

También puedes agregar imágenes de personas que crees que son carismáticas que deseas emular.

4

Las habilidades de comunicación

COMUNICACIÓN asertiva

Las personas con carisma son comunicadores con asertividad, lo que significa poder comunicarse con calma y confianza, incluso durante un desacuerdo. A veces, la asertividad se confunde con la agresión, pero ese no es el caso en absoluto. Ser asertivo es simplemente una cuestión de transmitir su punto de vista de una manera exacta, honesta y apropiada.

Ser asertivo ofrece muchos beneficios que van más allá de ser carismático.

Las habilidades de comunicación son esenciales para el éxito y la comunicación asertiva es el estilo de comunicación más eficaz que existe.

. . .

Las personas asertivas pueden expresar eficazmente sus sentimientos de una manera que es fácil de entender para los demás. Y cuando otros tienen claras sus necesidades, es más probable que las consideren y las satisfagan.

También es probable que las personas asertivas disfruten de mejores relaciones personales porque son abiertas y honestas y escuchan atentamente las preocupaciones y opiniones de los demás sin descartarlas.

La asertividad es una habilidad que cualquier persona puede aprender, lo que le permite comunicarse mejor y ser más carismático. Puede aprender a ser asertivo de la misma manera que aprende cualquier habilidad nueva: estudiando y practicando.

Estos son algunos de los componentes críticos de la comunicación asertiva:

No intentes controlar a otras personas. Las personas asertivas saben que no pueden controlar el comportamiento de los demás; solo pueden controlar el suyo. Al ser conscientes de sí mismos y mantener las reacciones y las emociones bajo control, las personas asertivas se convierten en mejores influenciadores y persuasores, un componente clave para ser carismático.

Dejan clara su posición y luego dejan que la otra persona elija cómo reaccionar ante esa información sin que se sientan presionados.

Se honesto, pero evita echar culpas. Las personas carismáticas no culpan a los demás por cómo se sienten. En lugar de decir "tú hiciste esto..." van a usar declaraciones con "Yo". Por ejemplo, "me sentí decepcionado cuando te estuve esperando veinte minutos después de la hora de la reunión que habíamos programado".

El uso de declaraciones en "Yo" te ayuda a evitar echar la culpa, lo que facilita que la otra persona explique o se disculpe sin sentirse atacado. El uso de estas declaraciones generalmente significa que los demás responderán con más calma, los desacuerdos se resolverán más rápido y tu relación positiva con esa persona se mantendrá intacta.

Escucha activamente. El carisma se trata más de cómo haces sentir a los demás que de ser ruidoso, divertido o cualquier otra cosa. ¿La mejor manera de hacer que las personas se sientan especiales? Escúchalos.

Cuando alguien hable, por favor, dales toda tu atención. Déjalos hablar sin interrupciones y no te distraigas con influencias externas o formando una respuesta dentro de tu cabeza. Cuando la otra persona termine de hablar, vuelve a parafrasear los puntos clave de lo que acaba de decir para que sepa que tú la estabas escuchando. En este punto, evita dar consejos o hablar sobre ti de alguna manera. Solo deja en claro que escuchaste todo antes de ofrecer consejos de cualquier tipo.

Por ejemplo, cuando tu amiga se queja de que su jefe se está esforzando mucho, escúchala con atención. Cuando termines, puedes decir algo como "Parece que tu jefe está poniendo presión sobre ti sin ninguna recompensa o reconocimiento, y eso te hace sentir bastante frustrado en este momento".

Sal de los desacuerdos con gracia. La gente carismática es persuasiva, pero no está obsesionada con ganar todas las discusiones o hablar con todos sobre su punto de vista. Si las personas no están de acuerdo con tus sugerencias y opiniones y no están cambiando las suyas, es esencial estar de acuerdo en no estar de acuerdo y cerrar la conversación con respeto.

Otros estilos de comunicación

Hay otros tres estilos de comunicación: pasivo, agresivo y pasivo-agresivo. Comprender estos diferentes estilos de comunicación puede ayudarte a reconocer cuándo es posible que debas cambiar la forma en que se comunica para conectarte de una manera más carismática con tu audiencia.

Entonces, veamos estos con más profundidad:

Pasivo

Los comunicadores pasivos tienden a ser callados, tímidos y reacios a decir que no o entrar en cualquier confrontación. Evitarán el contacto visual y, a menudo, se les convence fácilmente de que cambien de opinión porque se sienten incómodos al oponerse abiertamente a otros.

Supón que estás tratando con un comunicador pasivo.

En ese caso, escuchar es probablemente lo más importante que puedes hacer, seguido de cerca por no reaccionar de manera abiertamente hostil a lo que dicen.

Otros comunicadores más agresivos a menudo aplastan a las personas pasivas, por lo que si te tomas el tiempo de escucharlos y hacer que se sientan valorados, te ganarás su respeto.

Agresivo

Los comunicadores agresivos no son difíciles de detectar. A menudo son ruidosos, tienen un lenguaje corporal expresivo mediante gestos y señalamientos, y tienen como objetivo controlar la conversación tanto como sea posible. Debido a que a los comunicadores agresivos les gusta ser escuchados, escucharlos activamente y resumir sus palabras te ayuda a ganar su confianza y respeto.

A los comunicadores agresivos les gusta "ganar" todas las discusiones, por lo que puede ser complicado cuando no estás de acuerdo. Busca puntos en los que estés de acuerdo y trabaja a partir de ahí, pero no te dejes aplastar. Recuerda, inclinarte elegantemente hacia fuera es a veces el movimiento correcto.

. . .

Pasivo-agresivo

Los comunicadores pasivo-agresivos pueden parecer inicialmente comunicadores pasivos.

En lugar de ignorar o crear una confrontación, la alimentarán sutilmente y "actuarán" si sienten que se están aprovechando de ellos, pero generalmente de manera oculta o deshonesta. Pueden dar la impresión de estar cooperativos, pero luego obstruyen activamente su vista o su oído. En una situación leve, pueden indicar su desacuerdo o desaprobación con sarcasmo o bromas.

Los comunicadores pasivo-agresivos también quieren que alguien los escuche y reconozca sus opiniones.

Lenguaje corporal

Según un estudio realizado en la década de 1960, la comunicación es 7 por ciento verbal, 38 por ciento vocal y 55 por ciento visual. Y en el mundo moderno, donde las videollamadas están reemplazando a las llamadas telefónicas a un ritmo rápido, es más importante que nunca estar al tanto de las señales visuales que emites y poder leer con precisión las señales que otros te envían.

El lenguaje corporal es vital. Cuando tus palabras y tono de voz transmiten un mensaje, las señales que envías a través del lenguaje corporal pueden enviar un mensaje completamente diferente. Asegúrate de que toda tu comunicación verbal y no verbal esté alineada, esto ayudará a otros a verte como auténtico y más carismático.

Otra ventaja de comprender el lenguaje corporal es que ser consciente de las señales del lenguaje corporal de los demás puede permitirte detectar problemas o malos sentimientos que no están verbalizando. Los gestos te ayudan a identificar si otros perciben el mensaje que les estás transmitiendo positiva o negativamente.

¿Qué señales envías?

Cubriremos el lenguaje corporal con mucho más detalle más adelante. Sin embargo, echemos un vistazo breve a algunas señales negativas prevalentes que podrías estar enviando inconscientemente a los demás que pueden dañar tu carisma.

Contacto visual. Demasiado contacto visual puede hacer que parezca agresivo, mientras que muy poco puede hacer que parezca tímido, o incluso con falta de confianza.

Estar inquieto te hace parecer nervioso. Si tienes el hábito de hacer clic con el lápiz, dar golpecitos con los pies o cualquier comportamiento inquieto o repetitivo, intenta ser consciente de ello y deja de hacerlo.

. . .

La postura. Los hombros caídos o la cabeza inclinada hacia abajo pueden enviar señales de nerviosismo, aburrimiento o incomodidad.

La distancia. Pararse demasiado cerca o demasiado lejos de las personas puede enviar una señal incorrecta.

Demasiado cerca hará que la gente se sienta incómoda; demasiado lejos puede hacer que parezcan emocional y físicamente distantes y hacer que sea más difícil escucharse.

Las expresiones faciales. La mayoría de las personas piensan que controlan bien sus expresiones faciales, pero no lo hacen, y las expresiones son entre los indicadores accidentales más importantes que puedes enviar.

Trata de mantener tus expresiones relajadas. Una mandíbula apretada, un ceño fruncido o una ceja levantada pueden enviar señales incorrectas a los demás.

La escucha activa

La escucha activa es una forma más eficaz de escuchar.

Eso puede sonar extraño; de hecho, escuchar es automático, no una habilidad, ¿verdad? Pero la investigación sugiere que solo recordamos entre el 25 por ciento y el 50 por ciento de lo que escuchamos, la persona promedio sólo está prestando atención a menos de la mitad de la conversación.

Es por eso que las personas que son excelentes oyentes son tan valiosas y queridas. Son increíblemente raros.

Una de las razones por las que no escuchamos con el 100% de nuestra atención es que evolucionamos para filtrar constantemente los estímulos que nos rodean para evaluar los peligros. Por lo tanto, estamos programados para no prestar toda nuestra atención a nada que no represente una amenaza. Afortunadamente, hay formas de mejorar tu concentración y entrenarte para escuchar con más atención.

Al convertirte en un mejor oyente, puedes mejorar tu productividad, así como tu capacidad carismática para influir, persuadir y negociar.

La escucha activa implica hacer un esfuerzo consciente para escuchar no sólo las palabras que dice otra persona, sino, lo que es más importante, el mensaje completo. Los oyentes activos no solo escuchan lo que se dice, sino que también captan el estilo de comunicación del mensaje.

Son excelentes para leer entre líneas de una conversación porque captan todas las señales verbales y no verbales que le ayudan a comprender el mensaje completo que el hablante está tratando de transmitir.

El primer paso para escuchar más activamente es aprender a enfocar tu atención y evitar distraerte. Concéntrate en lo que dice la otra persona. Si encuentras que tu mente divaga, tráela al momento presente concentrándote brevemente en tu respiración. Otro truco consiste en prestar atención momentáneamente a la sensación en los dedos de las manos o de los pies.

Cuando puedas concentrarte en lo que dice la otra persona, evita tratar de desarrollar respuestas mientras habla. Por favor, dales toda tu atención y escucha todo lo que tengan que decir.

El segundo paso para escuchar de manera más consciente es ser consciente de tu lenguaje corporal. La gente lee continuamente las señales que envías, ya sea que lo hagan conscientemente o de modo inconsciente.

Haz el contacto visual apropiado y mantén abierto tu lenguaje corporal. Los brazos cruzados, los hombros encorvados o una expresión facial negativa pueden hacer que parezca desinteresado o como si fueras a reaccionar negativamente a su mensaje.

Relaja los hombros, inclina la barbilla ligeramente hacia arriba y coloca los brazos con las muñecas mirando hacia la persona con la que estás hablando.

Cómo Agradarle a las Personas

. . .

Todo esto puede ayudarte a dar la impresión de estar abierto a escuchar, recibir y comprender un mensaje correctamente. Haz pequeños gestos mientras la otra persona habla, como asentir suavemente y sonreír cuando sea apropiado. Nunca interrumpas. Deja que el hablante termine lo que está diciendo y observa sus señales para que tu hables. Dependiendo de lo que estén diciendo, debes parafrasear o hacer una pregunta relevante para demostrar que estabas escuchando.

Por ejemplo, anteriormente en este capítulo, mencioné que si tu amiga se quejaba de su jefe, podría resumir sus puntos clave y cómo había dicho lo que la impactó emocionalmente. Sin embargo, también puedes hacer una pregunta relevante aquí, como "¿Es esto un desarrollo reciente?" o "¿Su jefe trata a alguien más así?" Por supuesto, debes asegurarte de no hacer una pregunta a la que la persona ya haya respondido, ¡ya que tendrá el efecto completamente opuesto! No hay nada que pierda más la confianza de las personas en sus habilidades de escucha que hacerlas repetir.

La mayoría de nosotros hemos experimentado la situación incómoda de estar involucrado en una conversación en la que no estabas seguro de si la otra persona estaba escuchando lo que estaba diciendo. Te hace sentir inseguro de que te comprendan o incluso si vale la pena seguir hablando. También puede afectar negativamente tu autoestima al hacer que te sientas menos digno de su atención. Es poco probable que pienses en el oyente como carismático después de una experiencia como esa. Se siente como hablar con una pared de ladrillos y es algo que deseas evitar, así que asegúrate de escuchar activamente a las personas.

Por favor, no te dejes atrapar por seguir todas las acciones de escucha activa; trabaja en hacer que uno a la vez se sienta natural para ti y conviértelo en un hábito. Centrarte en demasiados a la vez es contraproducente. Puedes hacer que la escucha activa se sienta como si estuvieras tachando elementos de una lista de verificación, y luego te concentrarás en la lista y no escucharás.

Si tienes dificultades para mantener la concentración, intenta practicar la atención plena por separado todos los días. De cinco a diez minutos cuando estés solo. Por ejemplo, con tu café de la mañana, concéntrate completamente en el café. Cómo sabe, el olor, el calor de la taza en tus manos, etc. El enfoque se parece mucho a un músculo: puedes entrenarlo. Sin embargo, en el mundo frenético de hoy, donde las personas revisan sus dispositivos cada pocos segundos e intentan hacer múltiples tareas constantemente, es más difícil que nunca concentrarse en una sola cosa, por lo que se necesitará práctica dedicada.

Cuando hayas dominado los conceptos básicos de la escucha activa, aquí hay algunos consejos adicionales que te ayudarán a llevarlo al siguiente nivel:

Práctica una expresión facial agradablemente neutra. A veces, al escuchar activamente, la gente asumirá que estás de acuerdo con lo que están diciendo. Si bien es cierto que escuchar activamente implica tener la mente abierta, habrá ocasiones en las que no estés de acuerdo, y ser un comunicador asertivo significa poder estar en desacuerdo con confianza.

Selecciona el entorno adecuado. Si sabes que vas a tener una conversación, intenta seleccionar un lugar que te ayude a concentrarte. Por ejemplo, tratar de escuchar activamente en un bar lleno de gente con música alta será difícil. Siéntate de espaldas a las distracciones aparentes, como ventanas grandes por donde pasa la gente, televisores o cualquier otro estímulo visual que pueda distraerte. Trata de evitar la música, especialmente si tienes que hablar más alto para que te escuchen. Y usa ropa cómoda para evitar cualquier distracción e incomodidad que pueda resultar de querer ajustarte la ropa.

Maneja las emociones. A veces vas a tener una fuerte reacción emocional a lo que se dice.

Si este es el caso, trata de mantener la calma, aclara y explica a la persona que habla cómo te estás sintiendo.

Por ejemplo, "¿Puedo comprobar a qué te refieres cuando dices que no crees que soy un buen amigo?

¿Hay algo en particular que te haga sentir así porque siento que te he apoyado en X, Y, y Z en el pasado?"

. . .

En todos los casos, si no estás seguro, solicita una aclaración. A la gente no le gusta repetirse, pero si puedes resumir sus palabras para mostrar que estabas escuchando y pedir claridad, por lo general estarán felices de expandirse.

Siempre trata a la otra persona con respeto, independientemente de cómo te sientas acerca de lo que ha dicho. Responder negativamente rara vez te hace sentir mejor o resolver algo.

Estudio de caso de la vida real sobre la comunicación carismática

Diana comenzó un nuevo trabajo trabajando para una gran empresa de consultoría como gerente de administración. Su nuevo equipo fue miembro del personal durante mucho tiempo, y no todos fueron receptivos al cambio o estaban contentos con el puesto de un candidato externo. En su primera semana en el trabajo, había una atmósfera incómoda en el equipo y Diana podía sentir que afectaba su productividad.

Diana sabía que ganarlos rápidamente y convertirse en una gerente eficaz, tendría que ser lo más carismática posible, comenzando con una comunicación asertiva.

En su primera semana, programó una reunión con cada miembro del personal individualmente para conocerlos y comprender sus objetivos profesionales y cómo veían el futuro del equipo.

Ella preparó la sala de reuniones para que no hubiera distracciones, asegurándose de que se concentraría por completo en cada miembro del equipo. Aunque trajo un bloc de notas y un bolígrafo, no los tocó hasta que la persona terminó de hablar durante cada reunión. Una vez que cada persona había terminado, parafraseaba o hacía preguntas para aclarar antes de tomar notas.

Al abordar cualquier inquietud planteada por los nuevos miembros de su equipo, Diana se cuidó de mantener la calma, no juzgar y mantener abierto su lenguaje corporal. Al abordar cualquier declaración de confrontación, mantuvo la calma. Usó un lenguaje sin culpas mediante el uso de declaraciones en "Yo" para aclarar o explicar su posición sin rehuir la discusión de los temas difíciles.

Para cuando se llevaron a cabo todas las reuniones, había mejorado mucho el ambiente y la relación con muchos miembros del personal.

La comunicación eficaz es una habilidad fundamental y puede ayudarte en cualquier situación.
No solo es crucial en un entorno laboral; puede ayudarte a resolver conflictos personales, desarrollar mejores relaciones personales y ayudar a explicar tus sentimientos y emociones

con claridad para que otras personas puedan satisfacer sus necesidades. Ah, y sí, también ayuda a mejorar el carisma.

5

¿Cómo hablar con cualquier persona?

COMUNICARSE con familiares y amigos

Puede parecer extraño tener una sección dedicada a cómo comunicarse con familiares y amigos. Seguramente estas son las personas con las que debería comunicarse mejor, ¿no es cierto?

Desafortunadamente, muchas personas luchan por comunicarse de manera efectiva con las personas más cercanas a ellos. Combina esto con la presión adicional de trabajar en su superación personal, y muchos temen que sus familiares y amigos cercanos los juzguen por tratar de convertirse en algo que no son.

A menudo, cuando intentamos mejorarnos a nosotros mismos, una cosa que nos frena es que las personas que nos conocen mejor desaprueban o no brindan su apoyo.

. . .

Al principio, puede parecer extraño y poco auténtico, cambiando la forma en que te comunicas y te comportas con las personas que te conocen durante la mayor parte de tu vida. Sin embargo, comunicarte de manera más asertiva con las personas más cercanas a ti no significa cambiar por completo.

Actualmente, la forma en que te comunicas con amigos y familiares estará influenciada por varios factores, incluidos su historial e intereses compartidos. Tu comunicación seguirá estando influenciada por esas cosas, pero con suerte de una manera más significativa y positiva.

Las trampas de comunicarte de manera asertiva con amigos y familia

A menudo asumimos que la comunicación con ellos debe ser bastante sencilla porque hemos pasado mucho tiempo con nuestros amigos y familiares. Estas personas nos conocen muy bien, por lo que esperamos que nos comprendan. Cuando no lo hacen, puede hacer que te sientas molesto o incluso triste. Sin embargo, el hecho es que comunicarse con aquellos que conocemos muy bien puede ser el tipo de comunicación más difícil.

Asumimos que les proporcionamos más información sobre nosotros mismos de la que les daríamos a colegas o extraños porque nos comunicamos con ellos con frecuencia. Pero como saben, la mayoría de las personas no son grandes oyentes y solo asimilan alrededor del 50% de lo que decimos. Muy a menudo, cuando pensamos que hemos comunicado un mensaje, en realidad no ha sido escuchado ni entendido.

Agregue a esto las suposiciones sobre nuestro conocimiento compartido de vivir en espacios reducidos, y a menudo cometemos el error de que comprenderán el contexto de la situación o discusión, cuando en realidad no es así.

También puedes caer en la trampa de esperar que tus amigos cercanos y familiares se den cuenta de tus sutiles estados de ánimo y mensajes. Por ejemplo, tu sarcasmo podría interpretarse como sinceridad o al revés. O podemos pensar que estamos enviando una señal de que necesitamos ayuda o asistencia con algo, pero ellos no parecen captar ese mensaje.

Aquí es donde la escucha activa puede ayudarte a evitar ser la persona que malinterpreta o no capta un mensaje sútil. Al escuchar con atención y pedir más información cuando la necesites, puedes llegar fácilmente al fondo de lo que alguien realmente está tratando de decirte.

Por el contrario, puedes usar algunas de las mismas habilidades para reforzar tu mensaje con la otra persona al verificar sutilmente tu comprensión de lo que acabas de decir. Al preguntarles qué piensan sobre una situación o sus preferencias sobre algo, enfoca tú atención y puedes resaltar cualquier brecha en su comprensión.

. . .

Es imperativo hacer esto en conversaciones emocionales porque las personas a menudo crean su comprensión de los mensajes al filtrarlos a través de la lente de cómo se sienten en ese momento. Por lo tanto, decirle a tu cónyuge: "No te preocupes, lo haré", podría interpretarse como que tu eres útil o que te sientes frustrado con ellos, según tus señales no verbales y tus propias emociones en ese momento.

Generando conversaciones impactantes personales

Muchas de las conversaciones que tengas con tus seres queridos más cercanos no tendrán que ser impactantes.

A veces serán divertidos o simplemente una forma de desahogarse y tener una buena charla. Sin embargo, cuando estás cerca de la gente, inevitablemente habrá momentos en los que querrás tener conversaciones serias. Ya sean positivos o negativos, es importante manejarlos adecuadamente para asegurarse de que todos entiendan tu mensaje correctamente.

Lo primero a considerar es la ubicación. Por ejemplo, abordar el tema de tener otro hijo con tu cónyuge probablemente sea algo que se haga mejor en un ambiente tranquilo, relajado y privado, y no mientras se hace la compra del mandado.

La otra cosa a considerar, especialmente si existe la posibilidad de que no estés de acuerdo en todo, es asegurarte de no entrar

Cómo Agradarle a las Personas

en una discusión, después de haber hecho varios prejuicios y suposiciones. Esta es otra área en la que la escucha activa resulta realmente útil. Escucha las razones y opiniones de la otra persona antes de persuadirla para que adopte otra forma de pensar. Acepta que es posible que no cambien de opinión y, si puedes, busca un término medio escuchando realmente lo que tienen que decir y buscando formas de satisfacer sus necesidades y las tuyas.

A menudo, la persona con la que estás hablando te sorprenderá. Si ingresas con la mente abierta, tu lenguaje corporal y tono los tranquilizarán y es posible que sean mucho más receptivos a lo que tienes que decir.

Y cuando demuestres una escucha activa, será menos probable que se pongan a la defensiva o que insistan en seguir su camino puramente por principios.

Otro tipo de conversación impactante para tener con amigos y familiares es conocerlos mejor. Obviamente, ya los conoce muy bien, pero podemos volvernos un poco ciegos sobre cómo la vida, las opiniones y las necesidades de las personas están cambiando con el tiempo. Esperamos que las personas se mantengan estáticas y familiares, pero si inicias una conversación para comprenderlas mejor, es posible que te sorprendas.

Intenta hacer preguntas más abiertas a tu familia y amigos que van más allá de un: "¿cómo estuvo tu día?"

· · ·

Quizás podrías comenzar preguntándoles cuál fue su parte favorita de hoy y por qué. O si han aprendido alguna habilidad nueva recientemente. Probablemente descubrirás mucho sobre tus seres más cercanos y queridos que no sabías.

Hablar con extraños

Cuando eras niño, probablemente te enseñaron el peligro de hablar con extraños, por lo que no es de extrañar que a muchos adultos les resulte abrumador hablar con alguien que no conocen. La mayoría de tus amigos habrán sido desconocidos para ti en algún momento, pero de alguna manera esto no parece ayudar cuando te encuentras en una función rodeado de extraños y necesitas armarte de valor para comenzar una conversación.

A menudo, el único problema es empezar. Una vez que logras entablar una conversación, las cosas fluyen naturalmente y, antes de que te des cuenta, estás chateando fácilmente. Las personas carismáticas pueden iniciar conversaciones fácilmente con extraños porque saben que el extraño probablemente se sienta tan incómodo como ellos, y probablemente lo hará. ¡Agradece que alguien se les acerque!

¿Cómo hacer realmente una charla?

La pequeña charla es básicamente una conversación informal y ligera. Es la opción obvia para iniciar una conversación con alguien que acabas de conocer, ya que aún no sabes qué puntos en común tienen. Aquí hay algunas estrategias que te ayudarán a entablar una conversación con facilidad.

Parecer accesible: es tentador esconderse detrás de un dispositivo o distraerte de tus nervios con las redes sociales, pero esto solo te hará parecer inaccesible para los demás. Es probable que nadie se acerque a ti con tu teléfono en la mano, y es aún peor si tu teléfono te distrae mientras intentas entablar una conversación.

En cambio, echa los hombros hacia atrás y sonríe, haz contacto visual y luce como alguien abierto a la conversación.

Hacer preguntas abiertas: les da a las personas la oportunidad de hablar sobre sí mismas.

A la mayoría de las personas les gusta hablar de sí mismas, y el uso de preguntas abiertas garantiza que no permitan que los nervios se apoderen de ellos y le den una respuesta de una sola palabra.

Las mejores preguntas animan a la otra persona a abrirse un poco, aunque no entres demasiado pronto con estos, o podrías parecer un poco demasiado entrometido.

. . .

Utiliza la escucha activa: hemos mencionado mucho la escucha activa en este libro, pero eso se debe a que es una herramienta muy importante para que otras personas se sientan a gusto y parezcan carismáticas.

La escucha activa cuando se habla con extraños tiene dos grandes beneficios. En primer lugar, recogerás más detalles para hacer más preguntas para mantener la conversación. En segundo lugar, parecerás comprometido con la conversación y tranquilizarás a la otra persona.

Temas sencillos de charlas triviales

Tener algunos temas preparados para charlas breves te ayudará a sentirte cómodo. Aquí hay algunos temas que son buenos para casi cualquier situación.

Su ubicación actual. Un tema de conversación muy obvio es la ubicación o el entorno en el que se encuentran juntos ¿Es un magnífico edificio o una zona de moda?

¿Cómo es el área local? ¿Has estado ahí antes?

Puntos de referencia locales: puedes hablar sobre el área local si hay cualquier punto de referencia famoso o inusual específico. Si son locales pero tu no, o viceversa, podrías discutir algunas de las historias de los puntos de referencia locales.

El clima: una opción obvia pero generalmente muy segura es hablar sobre el clima, especialmente si es o ha sido un clima muy cálido, frío o inusual ese día.

Es un buen rompehielos, pero asegúrate de tener otros temas listos, ya que por lo general se agotan con bastante rapidez. Una forma divertida de darle un giro a la charla habitual relacionada con el clima es preguntar cuál es tu tipo de clima favorito.

Viajes: la mayoría de las personas tienen una buena historia de viajes, o al menos un plan o un sueño para viajar a algún lugar exótico. Una buena manera de abrir este es preguntar si tienen alguna recomendación de viaje para ti o si se irán pronto a algún lugar agradable.

Deportes: la mayoría de las personas practicarán un deporte que les interese y algunas personas podrán hablar alegremente sobre deportes todo el día. No finjas saber algo sobre un deporte si no lo sabes, y tampoco te avergüences de eso. Lo más probable es que, si es un fanático de los deportes, disfrutará compartir sus conocimientos contigo y educarlo sobre uno de sus temas favoritos.

Comida: al igual que los deportes, la mayoría de las personas tendrán una comida o un tipo de cocina favoritos y lo discutirán con gusto contigo. Y si estás realmente desesperado, la mayoría de la gente tiene una opinión firme sobre si la piña en la pizza es algo bueno o malo. También puedes pedir recomendaciones de restaurantes o si tienen algún consejo de cocina genial para ti.

Libros y programas de televisión: la mayoría de las personas tiene un libro favorito que disfrutarán discutir. Si no es así, es casi seguro que tengan un programa de televisión favorito.

Trabajo: otro tema obvio es preguntarle a la gente a qué se dedica. La clave aquí es escuchar y darle seguimiento con buenas preguntas abiertas. Mantente alejado de preguntas genéricas como "¿cuánto tiempo ha trabajado en ese lugar?" y enfócate en las que inviten a la reflexión y generen conversación. Por ejemplo, "¿qué lo llevó a esa carrera?" o "¿cree que este ha sido un buen año o uno malo para su industria?"

Construir una relación

Hacer las preguntas correctas y entablar una conversación es la parte más difícil de acercarse a extraños. Sin embargo, si estás buscando impresionar a las personas, es importante que prestes atención a desarrollar una buena relación con ellas.

¿Qué entendemos por relación?

Una relación es la formación de una conexión con alguien. Principalmente es la capacidad de relacionarse entre sí para fomentar la confianza y el respeto mutuos. Cuando construyes una buena relación con las personas, a menudo es el primer paso hacia una amistad o una relación comercial de algún tipo.

Algunas formas de desarrollar una buena relación son:

Lenguaje corporal positivo: mantén su lenguaje corporal positivo en todo momento.
Evite los brazos cruzados o los gestos nerviosos.

Mantén un contacto visual bueno y constante y sonrie.

El reflejo: es una forma de reflejar el lenguaje corporal de una persona. Hacemos esto inconscientemente con muchas personas con las que sentimos una conexión cercana. Al imitar, puedes hacer que las personas se sientan más conectadas contigo al instante. Por supuesto, el reflejo debe ser sutil y sólo reflejar un lenguaje corporal neutral o positivo. De lo contrario, ¡podrías generar el efecto contrario!

Hablar con colegas, clientes o superiores

La forma en que te comunicas en el lugar de trabajo a menudo es diferente a la de comunicarse con amigos, familiares o extraños. La naturaleza profesional del trabajo significa que se requiere un enfoque diferente, pero las habilidades carismáticas básicas de escuchar activamente y permanecer asertivo siguen siendo las mismas.

Busque el objetivo común: una parte clave de los roles de la mayoría de las personas es persuadir e influir en los demás. Ya sea persuadiendo a los clientes para que compren su producto o persuadiendo a los miembros del equipo para que trabajen para alcanzar los objetivos, la mayoría de las personas descubren que persuadir e influir es esencial para el éxito.

Una forma de abordar las conversaciones con clientes y colegas en todos los niveles es buscar un objetivo común. ¿Cómo se superponen tus objetivos y los de ellos? Puede parecer una pregunta sencilla, pero obtener las respuestas requiere que uses tus habilidades de comunicación carismáticas.

No asumas que sabes cuáles son tus objetivos. Es posible que tengas una idea excelente de los objetivos y motivaciones de la otra persona, pero no asumas que lo sabes con certeza.

La mejor manera de averiguarlo es preguntarles y luego escuchar su respuesta.

Si puedes encontrar la superposición y aprovechar eso, generalmente puedes influir y persuadir a cualquiera para que adoptes su forma de pensar. La clave es escuchar realmente sus objetivos y desarrollar tu manejo de objeciones en torno a ellos. Esto es mucho más efectivo que tratar de imponerles tu forma de pensar o hacer suposiciones y tratar de abordar de manera preventiva preocupaciones que en realidad no tienen.

Mantente amigable y profesional: lograr el equilibrio adecuado entre amigable y profesional puede ser difícil.

Si pareces demasiado amigable, puedes perder la confianza. Si pareces demasiado formal, puedes perder la simpatía y el compromiso.

Las personas carismáticas saben mantener el equilibrio entre lo profesional y lo amigable a la perfección. La clave es traer lo suficiente de su personalidad natural a las interacciones de tu lugar de trabajo, sin dejar de ser consciente de la cultura corporativa.

Ser amigable en el trabajo no significa tratar a las personas como trata a sus amigos. Ser abierto, honesto y respetuoso contribuirá en gran medida a que parezcas más cálido y accesible sin dañar tu aura profesional.

Manejo de la confrontación

En ocasiones, la confrontación es inevitable, pero hay formas de manejarla y llegar a la cima sin recurrir a tácticas deshonestas o cualquier cosa que pueda hacer perder su confianza o respeto. Algunas cosas clave a considerar:

Ser diplomático y discreto: nunca se sabe lo que puede resultar desagradable u ofensivo para otra persona, así que evita ser frívolo y se respetuoso en todo momento.

El humor a veces puede ser excelente para calmar una situación, pero mantenlo ligero y apropiado. En un entorno de trabajo, siempre es mejor pecar de ser precavido. En caso de duda, no lo digas.

Ser positivo: no seas innecesariamente negativo. Puedes decir que no estás de acuerdo con algo o pensar que hay una mejor manera de abordar algo, pero lo mejor es ser respetuoso y constructivo al respecto.

Mantén la calma: no hay nada menos profesional que perder tu temperamento en el trabajo. Si practicas la comunicación asertiva, esto no debería ser un problema. Sin embargo, si te sientes alterado, respira hondo un poco o inventa una excusa para tomar un vaso de agua o tomar un descanso para ir al baño para recuperarte. De esa manera, puedes regresar con la cabeza más despejada, listo para resolver problemas en lugar de crearlos.

¿Cómo mejorar la comunicación escrita de manera rápida?

Es más probable que utilices la comunicación escrita para transmitir mensajes importantes en el lugar de trabajo que en cualquier otro lugar.

Si bien el carisma es predominantemente un fenómeno en persona, vale la pena ser consciente de mantener tus comunicaciones escritas en línea con tu comunicación verbal.

Puedes deshacer todo tu arduo trabajo para construir tu carisma si envías un correo electrónico que suena como si fueras una persona completamente diferente.

Puede ser útil considerar tu "marca personal". Las compañías utilizan la marca como una forma de crear una identidad para tu negocio. Eligen un esquema de color y un logotipo que refleje el negocio, y los negocios más exitosos también se desarrollan una "voz de marca" a la que se mantienen fieles en todas las formas de comunicación.

Aquí hay algunas cosas a considerar al escribir correos electrónicos en el trabajo:

Tono: apunta a un tono de voz conversacional pero profesional.

No uses palabras y frases que no usarías en una reunión cara a cara o en una llamada telefónica. Una forma de lograrlo es dictar tus correos electrónicos. La mayoría de los dispositivos tienen una función de conversión de voz a texto que, por lo general, puede transcribir lo que se dice con mucha precisión. No olvides editar tus correos electrónicos para que tengan la ortografía correcta, la gramática y la puntuación adecuadas para conservar una imagen profesional.

Ten en cuenta que la comunicación escrita es muy susceptible de ser malinterpretada en lo que respecta al tono.

Sin metacomunicación (señales no verbales) para ayudarlos a descifrarlo, el receptor generalmente filtrará el tono en función de su estado de ánimo actual y sus experiencias pasadas contigo.

Aprobación: la forma en que firmas tus correos electrónicos puede marcar una gran diferencia en la forma en que el destinatario percibe el tono y el mensaje general.

"Sinceramente" puede parecer un poco demasiado formal, y "Gracias" puede parecer un poco demasiado breve. Los "mejores deseos" suelen ser una buena opción, ya que son universalmente positivos y es poco probable que se malinterpreten. Sin embargo, no olvides la regla de oro: apegate a usar un idioma que usarías naturalmente. No salgas del correo de una manera que sea completamente antinatural para ti.

Considera si una llamada telefónica es mejor: a veces, es demasiado difícil poner algo en un correo electrónico de una manera que transmita tu mensaje con claridad y con el tono correcto. Cuando simplemente no funciona, no tengas miedo de levantar el teléfono y tener una conversación; podría evitar malentendidos innecesarios.

Consejos generales

Metacomunicación: hemos hablado de señales no verbales como el lenguaje corporal, las expresiones faciales y el tono en el capítulo 4. Un término para estas señales es metacomunicación.

Estas son las pequeñas señales que enviamos todos los días que mejoran o sesgan la información del mensaje.

Por ejemplo, esa mirada que intercambias con tu mejor amigo que te dice que encuentras algo gracioso, pero que no sería apropiado reír o el gesto que usas para que tu cónyuge sepa lo que no debe decirle a los niños. O un simple gesto de agradecimiento a un extraño que mantiene abierta una puerta. Hay docenas de ejemplos de metacomunicación en los que participa a diario en los que probablemente ni siquiera piensa.

Entender lo que otra persona te está diciendo significa tratar de comprender todas sus metacomunicaciones también.

Las primeras impresiones importan: si bien el carisma no se trata realmente de tu apariencia, es importante recordar que muchas personas emitirán juicios sobre ti en función de cómo te veas.

. . .

Es posible que no sean suposiciones correctas, pero comprender cómo presentarse de una manera que minimice los juicios negativos cuando sea necesario puede ayudarte a mantenerse un paso por delante.

Es comúnmente sabido que un gerente de contratación a menudo decide si una persona es adecuada para un trabajo en los primeros minutos de una entrevista. Sin embargo, las primeras impresiones no se tratan solo de lo que te pones. También se trata de la metacomunicación que estás mostrando. Tu postura, gestos, tono de voz. Todos estos pueden afectar la primera impresión que una persona tenga de ti.

Las primeras impresiones suelen ser sorprendentemente precisas. Se han completado varios estudios que demuestran que las personas a menudo pueden juzgar a una persona basándose únicamente en una fotografía.

Pero, ¿cómo hacemos juicios tan rápidos sobre las personas?

Todo está relacionado con nuestro cerebro reptil. La parte más primitiva de nuestro cerebro, nuestro cerebro reptil, existe para mantenernos a salvo del peligro.

. . .

Hace milenios, nuestros antepasados hombres de las cavernas habrían necesitado juzgar en una fracción de segundo si otro ser humano o animal era una amenaza.

Hacer un juicio equivocado puede ser fatal. Como resultado, desarrollamos una asombrosa habilidad para usar pistas no verbales para identificar al amigo del enemigo en un espacio de tiempo conciso.

Si puedes causar una primera impresión positiva, inmediatamente tendrás una ventaja de carisma.

Positividad: las personas se sienten naturalmente atraídas por otras personas positivas. Estar cerca de una persona negativa durante demasiado tiempo puede ser agotador, y no solemos considerar carismáticas a las personas que consideramos negativas.

Ser positivo no significa que tengas que fingir que te gustan las cosas que no te gustan o ser una persona que dice "sí" todo el tiempo. Un replanteamiento rápido de una situación suele ser todo lo que se necesita para crear una impresión completamente diferente y parecer más carismático.

Por ejemplo, en lugar de decir "No me gusta la pizza", al elegir un lugar para comer, podrías decir "Me encanta la comida china o tailandesa, ¿te gusta?". O en lugar de decir: "Ese trabajo no cumplió con los estándares", podrías decir: "Analicemos algunas formas de mejorar este informe".

Ahora que hemos analizado la comunicación y entablado conversaciones con más detalle, sigamos adelante y exploremos los rasgos de personalidad asociados con ser carismático, y cómo desarrollarlos.

6

La guía del carisma

Ser carismático implica más que una comunicación eficaz. También requiere que muestre varios rasgos de carácter positivos. Esta es probablemente una de las razones por las que muchas personas sienten que naciste carismático o no. Afortunadamente, puedes desarrollar rasgos de carácter al igual que desarrollas cualquier habilidad.

Es posible que tenga cierta propensión natural a ciertos rasgos, ya sea por su personalidad innata o por su crianza y comportamientos aprendidos. Sin embargo, puedes modificarlos, adaptarlos y cambiarlos con un esfuerzo consciente si así lo deseas.

Paciencia

La paciencia es la capacidad de tolerar retrasos y frustraciones sin enojarte, angustiarse o enfadarte. Las personas pacientes controlan sus emociones e impulsos ante situaciones difíciles o frustrantes. Este es un rasgo esencial para practicar la comunicación asertiva y la escucha activa, como se discutió en el Capítulo 4.

Sin la paciencia para sentarte tranquilamente y escuchar a otra persona, no puedes dominar la escucha activa. Sin la paciencia para superar las emociones y responder con calma, no puedes comunicarte de manera asertiva.

Hay otros beneficios para desarrollar la paciencia:

Niveles de estrés más bajos: las personas pacientes controlan sus emociones. y puede esperar a ver cómo se desarrollan las situaciones sin enfadarse.

Puede ver el "panorama general": las personas pacientes tienen la capacidad de enfocarse en un panorama a largo plazo sin necesidad de obtener resultados instantáneos. Parece que dondequiera que mires, alguien te promete soluciones a todos tus problemas en un corto período de tiempo. "¡Pierde 10 libras en 10 días!"

"¡Aprende un idioma en un mes!" etcétera.

Y aunque algunas personas pueden ver el éxito en programas como este, la mayoría de las personas no logran grandes resultados. Muchas cosas en la vida necesitan paciencia. Bajar de peso de forma saludable lleva tiempo. Aprender a hablar un idioma con fluidez lleva tiempo. Desarrollar tu carisma lleva tiempo.

Las personas pacientes aprenden a apreciar: ellos ven el viaje de aprendizaje tan importante como el resultado, y siguen avanzando hacia sus objetivos.

Las personas pacientes toman mejores decisiones: porque conocen el valor de tomarse un poco de tiempo para sopesar los pros y los contras y recopilar toda la información para evaluarlo.

Sin embargo, la paciencia es difícil de dominar, especialmente en un mundo acostumbrado a la gratificación instantánea para la mayoría de las cosas. Aquí hay algunas formas en que puede desarrollar su paciencia:

Meditar: la meditación tiene varios beneficios para la salud comprobados, que incluyen una presión arterial más baja y una mejor salud mental. También enseña paciencia y concentración, dos habilidades clave para desarrollar el carisma.

Reflexionar: reflexionando al final de cada día donde hubiera sido útil tener más paciencia y donde lograste ser paciente ese día puede ayudarte a reconocer tu necesidad de paciencia en situaciones futuras. Elige pasar un poco de tiempo cada día siendo consciente de la paciencia.

. . .

Reduce la velocidad y tómate tu tiempo: al completar una tarea o tener una conversación. Ve cómo cambia el resultado.

Elige pensar antes de hablar: respira profundamente una vez antes de decir algo; tómate tiempo para pensar y evaluar si lo que estás diciendo es útil, necesario y realmente comunica su mensaje.

Tolerancia

Estrechamente ligada a la paciencia, la tolerancia es la capacidad de aceptar a otras personas y situaciones que tal vez no nos gusten por lo que son, y al mismo tiempo aceptar que no podemos cambiarlas.

Es fácil pensar en tu tolerancia, o falta de ella, en términos de otras personas. "Si no fuera tan ruidosa" "Debería tener mejores modales", y así sucesivamente.

Sin embargo, tu tolerancia no tiene nada que ver con nadie más y tiene todo que ver contigo. Básicamente se reduce a cómo eliges percibir a los demás.

Para desarrollar tolerancia:

. . .

Deja de culpar a los demás y asume la responsabilidad: recuerda que nadie te hace sentir de cierta manera. Así como pueden elegir comportarse de una manera, tú puedes elegir cómo responder.

Identifica por qué algo o alguien te molesta: a menudo, cuando encontramos a alguien molesto, la raíz de lo que causa eso está dentro de nosotros. Lo que sentimos por esa persona dice más sobre nosotros que sobre ellos. ¿Se están comportando de una manera que tú no te permitirías comportarte? ¿Están impidiendo que te escuchen o que obtengas algo que necesitas?

Cuando descubras la raíz de tu molestia, podrás lidiar con ella.

Sea lo que sea o quien sea que te esté molestando, recuerda que es solo temporal. Usa tu paciencia para esperar sin ponerse nervioso o molesto.

Ejercita tu poder de elección: tú eliges cómo responder o reaccionar ante cualquier situación o persona.

También tienes el poder de elegir qué tan fuerte te sientes por algo.

La tolerancia no significa aceptar ciegamente un comportamiento abusivo o verdaderamente inaceptable. Aún así, significa comprender por qué encuentras a alguien o algo irritante u ofensivo. Tienes el poder de elegir reaccionar de la manera más positiva y constructiva posible.

El respeto

El respeto es fundamental para el carisma, las personas carismáticas obtienen el respeto a los demás, y muestran respeto por otras personas. Fundamentalmente, también se respetan a sí mismos.

La escucha activa es una excelente manera de demostrar respeto por alguien. Puedes respetar a las personas sin estar de acuerdo con ellas. El respeto consiste en reconocer que su punto de vista es válido y que su opinión es tan importante como la de cualquier otra persona.

Todo el mundo merece respeto. Algunas personas pueden ganar más respeto que los demás, pero en un nivel básico, todos merecen sentir que tienen valor, y eso es lo que las personas carismáticas ofrecen. Te hacen sentir valorado.

El respeto por uno mismo es tan importante como tener respeto por los demás. Para ser carismático, debes tener confianza, sentirte cómodo contigo mismo y creer en tu propia valía antes de hacer que los demás se sientan bien consigo mismos. El respeto por uno mismo no se trata de ser perfecto, se trata de reconocer lo que hace bien y decidir mejorar las cosas que te importan. Y que hagas esto sin castigarse por errores o deficiencias.

La confianza

La confianza es un elemento fundamental de cualquier interacción humana. Es imperativo en las relaciones personales y el manejo de posiciones para generar confianza con los demás. Pero, ¿qué es la confianza?

Es la confianza en la honestidad, integridad y fiabilidad de alguna persona.

Al igual que el respeto, la confianza funciona en ambos sentidos. Necesitas confiar en los demás y también inspirar confianza en los demás. Y la confianza de las personas no se puede ganar al instante. Sin embargo, puedes comenzar una relación con mayores niveles de confianza siendo abierto, honesto y consciente de tu lenguaje corporal.

El buen contacto visual puede ayudar a generar confianza, ya que las personas que no son sinceras suelen tener dificultades para mantener el contacto visual cuando mienten.

La confianza se cultiva y debe mantenerse con demostraciones constantes de honestidad, integridad y confiabilidad. Mantener la confianza es muy importante porque es mucho más difícil recuperarla que perderla.

Algunas formas sencillas de generar y mantener la confianza:

Haz lo que dices que harás: si no puedes hacer algo, sé abierto y honesto al respecto.

Mantén la confianza de las personas: si crees que no puedes mantener algo confidencial para ti mismo por razones como una actividad ilegal o poner a alguien en peligro, se abierto y honesto al respecto también.

No mientas: las personas confiarán en ti y te respetarán más por decir la verdad, incluso si eso significa admitir un error.

Admitir errores: esto requiere confianza y vulnerabilidad, pero si las personas pueden ver que admitirás cuando has cometido un error, aumentará tu confianza en tu integridad.

No juzgues

Juzgar a los demás es algo que hacemos a menudo sin pensar mucho en ello. Usamos nuestras propias experiencias y valores para hacer suposiciones sobre la vida de alguien o su valor. Sin embargo, el juicio no solo daña a la persona que está siendo juzgada. También mantiene su mente estrecha y potencialmente le impide aprovechar la oportunidad.

Nuestra tendencia a juzgar probablemente tenga sus raíces en nuestra ascendencia tribal.

Para el hombre primitivo, diferente podría significar realmente peligroso, ya que tribus rivales podían luchar por territorio y recursos. Sin embargo, no nos ayuda mucho en la sociedad actual, donde reconocer y celebrar las diferencias nos ayuda a ser más saludables, felices y exitosos.

Ya hemos hablado de cómo el respeto es una parte vital de ser carismático y el respeto significa no tomar decisiones rápidas sobre las personas en función de su apariencia, raza, nacionalidad, género o las elecciones individuales como la moda.

Cuando juzgamos a los demás, es simplemente un reflejo de cómo vemos el mundo, no un reflejo de la realidad. No todo el mundo tiene los mismos valores o lucha por las mismas cosas. El éxito se ve diferente para todos, al igual que la belleza. Y ¿no sería un mundo aburrido si todos fueran iguales?

Más allá de los conceptos idealistas, el juicio nos impide escuchar correctamente a los demás.

. . .

Crea un sesgo que nos hace comportarnos de cierta manera con los demás en función de tu "verdad". Entonces, podríamos confiar en alguien que no lo merece simplemente porque hicimos suposiciones basadas en características superficiales y lo que esas características significan para nuestra verdad. O podríamos pasar por alto al candidato perfecto para un puesto porque pensamos que no estaba lo suficientemente bien vestido para una entrevista.

Lo opuesto al juicio es la observación. Desarrollar sus habilidades de observación puede ayudarte a dejar de juzgar a los demás innecesariamente. Es poco realista decir que "dejarás" de juzgar a otras personas de alguna manera, es parte de nuestro cableado como humanos. Sin embargo, tenemos la capacidad de anularlo siendo conscientes de nosotros mismos y reconociendo cuándo estamos juzgando. Obsérvate a ti mismo haciendo el juicio, reconócelo por lo que es: un sesgo y una opinión, no un hecho. De esta manera, puedes optar por mirar más allá del juicio y recopilar los hechos.

Con el tiempo, naturalmente juzgarás un poco menos porque tu experiencia te habrá enseñado que el hombre con tatuajes en el cuello, que asumiste que era un matón, en realidad puede ser un hombre de familia que pasa su tiempo libre rescatando gatitos huérfanos.

El humor

. . .

El humor es un gran rasgo que debes tener para ayudarte a parecer más carismático. A todo el mundo le gusta una persona que pueda hacerlos reír, ¿por qué otra razón tener un buen sentido del humor es un cliché de citas? Aún mejor, el humor es una habilidad que se aprende. Los niños pequeños aprenden sobre el humor como parte del desarrollo del lenguaje, especialmente cuando se trata de juegos de palabras.

Por lo tanto, si no se considera alguien con buen sentido del humor, es posible que te sientas aliviado al saber que puedes desarrollarlo.

O quizás tienes un sentido del humor bien desarrollado, pero te inclinas hacia lo inapropiado o sarcástico.

Si bien muchas personas pueden encontrarlo divertido, no te prestas bien al carisma. Ese tipo de humor puede ser muy divisivo, y las personas carismáticas tienden a ser más atractivas para todos con tu tipo de humor.

El tipo de humor que poseen las personas carismáticas es muy bondadoso y agradable. Pueden aceptar una broma afable sobre sí mismos sin sentirse ofendidos. Tampoco encuentran humor en la desgracia de los demás o en las cosas que la mayoría de las personas encontrarían desagradables, o si lo hacen, ciertamente no es algo que muestren en público.

. . .

La risa ayuda a las personas a sentirse bien, y si puedes generar ese sentimiento en otras personas, naturalmente eres más magnético para ellos. El humor puede mejorar el estado de ánimo e incluso ayudar a llegar al meollo de asuntos difíciles o delicados.

Lograr el equilibrio correcto es importante. Tratar de convertir todo en una broma significa que inevitablemente te llevará demasiado lejos o te volverás molesto en lugar de divertido. Los chistes prácticos también son algo que se debe evitar, ya que pueden tener consecuencias no deseadas y, a menudo, se basan en hacer que otra persona parezca estúpida.

Para mantener tu humor apropiado, intenta y considera:

- ¿Es amable?
- ¿Es este un lugar y un momento adecuados?
- ¿Podría ser ofensivo de alguna manera?
- Y en caso de duda, ¡no cuentes el chiste!

La honestidad

La honestidad es un rasgo precioso que te ayuda a generar confianza y respeto con los demás.

. . .

La mayoría de la gente cree que es honesta, pero si realmente nos examinamos a nosotros mismos, todos podemos ser más abiertamente honestos la mayor parte del tiempo.

La honestidad no se trata solo de las cosas importantes, ni de mentir, hacer trampa, robar, etc. A menudo, las mentiras que contamos son mentiras "blancas" pequeñas y aparentemente inocentes. Incluso podemos decirnos a nosotros mismos que fueron por un bien mayor. O somos deshonestos por nuestra decisión de permanecer en silencio. Puede que en realidad no mintamos, pero tampoco proporcionamos la verdad.

Otros ejemplos de deshonestidad son decir sí para complacer a los demás cuando queremos decir que no, y estar de acuerdo con algo con lo que realmente no estamos de acuerdo, para evitar la confrontación.

Si bien sería agradable simplemente decir que el 100% de honestidad el 100% de las veces era la única respuesta aceptable, la realidad es que no siempre es posible.

Si un niño hace una pregunta difícil sobre la muerte o la existencia de Santa, puede que no sea apropiado ser completamente honesto con él en ese momento. O si alguien te pregunta qué estás pensando, puede que no siempre sea la mejor idea darles todos los detalles sin censura.

Ser lo más honesto posible, la mayor parte del tiempo, debería ser su objetivo clave, pero no caiga en la trampa de creer que puede ser grosero u ofensivo porque es "honesto". Las personas carismáticas son honestas. Sin embargo, también son diplomáticos, discretos y respetuosos.

Muchos de estos rasgos comparten características similares o tienen áreas de superposición. La tolerancia y el respeto están estrechamente vinculados, al igual que la honestidad y la confianza. El desarrollo de un rasgo a menudo puede mejorar otros rasgos de forma natural.

¿Cómo realmente desarrollar rasgos de personalidad carismáticos?

Entonces, hemos cubierto cómo tomar medidas para cultivar rasgos positivos, pero ¿cómo convertirlos en un rasgo de personalidad arraigado, parte de quién eres?

Haciéndolos un hábito.

El objetivo de un hábito es que es un comportamiento constante y regular. Algunos hábitos son casi automáticos y desarrollar los correctos es crucial para el éxito.

La forma en que nos comportamos es principalmente una serie de hábitos que hemos construido con el tiempo. Construimos la mayoría de nuestros hábitos de manera inconsciente, pero puedes desaprenderlos y construir otros nuevos con un esfuerzo consciente. Y una vez que se entrena para pensar y responder de cierta manera, casi en piloto automático, es mucho más fácil ser genuinamente carismático.

¿Cómo construyes hábitos?

La motivación es lo único en lo que la gente tiende a pensar cuando construye nuevos hábitos o rompe los viejos. Sin embargo, si bien la motivación es excelente para comenzar, eventualmente se desvanecerá.

Es por eso que se necesita aplicar un poco de autodisciplina para cerrar la brecha entre comenzar a desarrollar un hábito y convertirlo en un hábito.

Cuando desarrollas buenos hábitos, ya no necesitas pensar en ellos. Las cosas que antes requerían mucho esfuerzo, como escuchar activamente, se convierten en una segunda naturaleza. Crear hábitos te prepara para el éxito. El hábito de la meditación diaria es un gran lugar para comenzar, ya que respalda muchos de los rasgos positivos de la personalidad necesarios para ser carismático.

Trata de hacer alguna forma de meditación todos los días, sin excusas, para acondicionar tu cerebro para que comprendas que esto es un hábito.

. . .

Con suficiente repetición, te convertirás en algo que harás todos los días y para lo que tengas tiempo, como cepillarte los dientes, en lugar de algo en lo que simplemente está "tratando de adaptarse" a su día.

Hacer de ciertos comportamientos un hábito puede hacer que sea mucho más fácil ser carismático sin esfuerzo. Por lo tanto, tiene sentido concentrarse en desarrollar buenos hábitos de comportamiento, uno a la vez, que brindan la piedra angular de tu personalidad carismática.

Convertir los rasgos de personalidad en hábitos

Formar un rasgo positivo no siempre es fácil. A diferencia de los malos hábitos que generalmente brindan una gratificación instantánea como el alcohol y el tabaquismo, los buenos hábitos rara vez nos brindan ese golpe instantáneo de autogratificación.

No seas demasiado duro contigo mismo si luchas por desarrollar rasgos de personalidad positivos; estamos programados como humanos para responder a la gratificación instantánea. Es ese torrente de dopamina lo que nos hace querer seguir repitiendo un hábito, y los hábitos positivos rara vez brindan el mismo tipo de gratificación. No proporcionan un golpe de dopamina, por lo que la parte reptil de nuestro cerebro no los encuentra lo suficientemente interesantes como para hacernos desearlos.

. . .

Sin embargo, con suficiente repetición, puedes convertir cualquier comportamiento en un hábito. No hay un número fijo de días o repeticiones para convertir algo en un hábito completamente formado.

Pueden pasar varias semanas o varios meses antes de que eso suceda. Por eso es mejor concentrarse en desarrollar un rasgo de personalidad o romper un rasgo de personalidad antiguo a la vez. Es posible que desees lograr un cambio permanente más rápido que esto, pero recuerde, ¡la paciencia es realmente una virtud!

Es una expectativa razonable que se necesitarán al menos dos meses de repetición diaria y consciente para desarrollar un hábito. Por lo tanto, necesitarás algo de motivación y autodisciplina para superar esta etapa. La buena noticia es que, una vez que se construye el hábito, será una segunda naturaleza.

Solo recuerda que si no eres constante, estás borrando todo tu trabajo anterior por ese rasgo de personalidad, ¡y es posible que tengas que comenzar de nuevo desde el punto de partida!

Uso de activadores de hábitos

Un truco para desarrollar cualquier hábito más rápido es usar desencadenantes. Aquí es donde adjuntas el hábito a un evento o acción. Los desencadenantes pueden ser cualquier persona, emociones, la hora del día, un lugar o cualquier acción que realicemos con regularidad. Es cualquier cosa que nuestra mente asocie con un hábito.

Puedes usar desencadenantes para ayudar a desarrollar rasgos de personalidad positivos al vincular el rasgo a un desencadenante. Esto ayuda y significa que es más probable que mantengas el cambio a largo plazo.

Cuanto más a menudo se use un disparador para provocar una respuesta conductual, una acción, más arraigada se vuelve hasta que es prácticamente automática.

A veces, los factores desencadenantes son más fáciles para los hábitos físicos que para el desarrollo de rasgos de personalidad, pero pueden funcionar bien, especialmente los desencadenantes emocionales. Si te impacientas, puedes utilizar esa emoción como desencadenante de la acción física de la respiración profunda, que te ayudará a calmarte, ganar perspectiva y desarrollar la paciencia. Las ubicaciones también pueden ser potentes desencadenantes. Cuando asocia un lugar en particular fuertemente con un comportamiento, es fácil modelar ese comportamiento en ese lugar.

7

Lenguaje corporal carismático

El lenguaje corporal es imperativo cuando se trata de comunicación y carisma. Ya sea que se den cuenta o no, las personas leen las señales no verbales que envía a través de expresiones faciales, gestos y lenguaje corporal en general.

Esto significa que es casi imposible ser carismático cuando tus palabras y tu lenguaje corporal no coinciden. Si tus palabras son seguras, pero tu lenguaje corporal es nervioso, la gente solo captará los nervios.

Tu lenguaje corporal es un signo externo de sus emociones internas, por lo que monitorear y manejar sus propias emociones y lenguaje corporal puede ayudarlo a controlar cómo los demás lo perciben.

Por supuesto, no es solo su propio lenguaje corporal lo que debe conocer. Leer el lenguaje corporal de los demás te ayuda a comprender cómo perciben el mensaje que les estás dando y la información para adaptarse en consecuencia. Si comprende las señales que te da la gente, sabrás cuando están interesados en lo que tienes que decir o cuando piensan que no eres genuino.

Algunas personas son lectores del lenguaje corporal natural, pero puede ser una habilidad aprendida que cualquiera puede desarrollar. De hecho, uno de los beneficios de aprenderlo como habilidad es que, como resultado, eres más consciente de tu propio lenguaje corporal. Aprender y practicar los consejos y técnicas de este capítulo te ayudará a aplicar el conocimiento del lenguaje corporal a tus propias conversaciones y mejorará naturalmente tu carisma.

Los consejos que se dan aquí son genéricos. Todos tendrán diferencias sutiles en su lenguaje corporal, dependiendo de su cultura, educación y experiencias personales. Sin embargo, el lenguaje corporal de la mayoría de las personas se ajustará en cierta medida a los ejemplos que se dan aquí, por lo que comprender estos elementos clave del lenguaje corporal ayuda a mejorar el carisma.

Observa el lenguaje corporal de las personas carismáticas

La mejor manera de aprender sobre el lenguaje corporal es detectarlo por ti mismo. Asegúrate de observar a las personas carismáticas mientras hablan.

Los videos de pláticas motivacionales son una excelente manera de observar el lenguaje corporal carismático.

Pero asegúrate de estar atento también a cómo se comportan las personas carismáticas "en la naturaleza".

Intenta identificar algunas señales comunes del lenguaje corporal que muestran las personas carismáticas y elige una a la vez para tratar de incorporarlas cuando estés hablando.

Aquí hay un desglose rápido de las señales comunes del lenguaje corporal a tener en cuenta y lo que están señalando a los demás.

Significante lenguaje corporal negativo

Los siguientes son ejemplos de señales del lenguaje corporal que es probable que otras personas perciban negativamente. Intenta reconocer cuándo estás mostrando un lenguaje corporal negativo y cámbialo conscientemente.

Comprender las señales negativas también te ayuda de otra manera. Las personas carismáticas generalmente son excelentes para hacer que otras personas se sientan cómodas.

Al reconocer las señales de que alguien puede sentirse incómodo, irritable o ansioso, puedes tomar medidas para tranquilizarlo.

Nerviosismo

La confianza es fundamental para ser carismático. Si deseas proyectar una imagen más segura, puede ser útil evitar algunos de estos signos reveladores de nervios. Si alguien con quien estás hablando muestra estos signos, una persona carismática te hará sentir más cómodo.

Inquietud general: por ejemplo, golpear el pie repetidamente, jugar con un objeto, hacer ruido con las uñas.

Jugar con la ropa: por ejemplo, ajustarse una corbata, juguetear con un botón, quitar la pelusa de la ropa.

Esto puede significar que alguien se siente particularmente nervioso por su apariencia, por lo que un cumplido genuino y oportuno puede ayudarlo a tranquilizarse.

Manos apretadas: esto puede indicar negatividad a lo que se dice o indicar ansiedad en general. Presta atención a las otras señales y al contexto de una conversación para decidir cuál se muestra.

. . .

Contacto visual errático: si tus ojos se mueven mucho, lo harás parecer muy nervioso.

Transpiración: si alguien transpira visiblemente y no hace mucho calor, es posible que se sienta bastante nervioso.

Brazos cruzados, hombros encorvados: esta es una postura defensiva, lo que indica que la persona está esperando inconscientemente un ataque de algún tipo. El "ataque" puede ser verbal o simplemente una conversación desagradable.

Intenta ser consciente y corregir cualquiera de estas señales que pueda estar enviando. Si alguien más muestra estas señales, toma las medidas adecuadas para tranquilizarlo.

Deshonestidad

Las siguientes señales indican que alguien no está siendo completamente honesto con lo que están diciendo. Sin embargo, también podría ser tan sencillo como que no sean 100% auténticos o estén un poco nerviosos. En cualquier caso, trate de evitar mostrarlos a toda costa, ya que parecer deshonesto es un asesino instantáneo del carisma.

Tocarse o cubrirse la boca o la nariz durante o inmediatamente después de hablar: esto podría significar que la persona está tratando de evitar decir algo más que no debería.

Esconder las manos, por ejemplo, colocarlas detrás de la espalda o en los bolsillos:

Por el contrario, los gestos con la palma abierta y la exhibición de las manos pueden interpretarse como un signo de honestidad.

Tragar con frecuencia: si alguien traga con mucha frecuencia, podría ser un signo de mentira.

Tirar de su cuello puede indicar deshonestidad: Las personas tienden a sentirse más calientes o enrojecidas cuando están acostadas y este podría ser su intento de tomar un poco de aire fresco.

El enojo

Estas señales de lenguaje corporal indican que alguien se siente enojado y que la conversación puede empeorar. Las personas carismáticas no son agresivas, así que evita exhibir estas señales, ya que siempre apagarán a su audiencia.

Cuando detectes señales como estas, deberás decidir la mejor manera de responder, según la situación. A menudo, las personas carismáticas son excelentes para desactivar la agresión y cambiar una situación, pero a veces eso no es posible sin importar cuán carismático seas. Por supuesto, la agresión puede ser leve o puede ser más extrema, y siempre debes poner tu propia seguridad por encima de ser percibido como carismático.

Señalar: cuando las personas comienzan a agitarse por algo mientras hablan, pueden comenzar a señalar o mover un dedo.

Pararse demasiado cerca: esta es a menudo una forma de intentar intimidarlo. Sin embargo, también puede ser un signo de coqueteo, aunque normalmente habría otras señales que lo indiquen.

Postura ampliada: las personas a menudo se paran con los pies más abiertos y las manos en las caderas cuando intentan parecer intimidantes. Es un gesto subconsciente diseñado para hacerlos parecer más grandes y amenazadores.

Gestos salvajes con las manos: pueden indicar altos niveles de entusiasmo por un tema o por la ira / agresión.

Golpear una superficie con el puño: esto es claramente una acción agresiva y generalmente indica que alguien se siente particularmente apasionado por lo que está hablando y no creo que los demás estén escuchando correctamente.

Cuando alguien se vuelve agresivo, la mayoría de la gente responderá de dos formas. Ellos mismos responderán con agresión o se pondrán nerviosos y se retirarán de la interacción.

. . .

Manejar la agresión de otra persona es un tema complicado ya que la respuesta correcta depende de muchas variables. Sin embargo, cuando comprendes las señales del lenguaje corporal asociadas con la agresión, puedes actuar más rápidamente. Podrás calmar la situación o alejarte de ella antes de que se vuelva abiertamente hostil.

El aburrimiento

El aburrimiento es lo último que deseas ver en el lenguaje corporal de una persona cuando te comunicas con ella. Las personas carismáticas atraen a su audiencia, independientemente del tamaño, no las aburren.

Afortunadamente, el aburrimiento es bastante fácil de detectar en el lenguaje corporal. Si ve alguno de estos signos, intente animar lo que está diciendo con una broma apropiada o considere si podría ser el momento de dejar de hablar.

El signo más obvio de aburrimiento es mirar hacia otro lado: por una ventana, hacia una puerta o hacia un dispositivo; las personas pueden incluso mirar repetidamente su reloj como si quisieran que la interacción se acelerara y terminara.

. . .

Mirar fijamente en blanco: casi lo contrario de la señal anterior, alguien que está aburrido puede mirar fijamente sin expresión. Te están mirando, pero su mente está en otra parte.

Hacer otra cosa: enviar un mensaje de texto, hablar con otra persona, hacer garabatos. Si están enfocando su atención en otra parte, ya la has perdido.

Bostezar y encorvarse: se asocian comúnmente con el aburrimiento. Pueden ser una señal confiable de que estás aburriendo a tu audiencia, pero es posible que el cansancio no esté relacionado con el aburrimiento de lo que dices.

Si detecta signos de cansancio, considere el entorno y el contexto en el que se encuentra. ¿Es cálido y sofocante?

¿Es justo después del almuerzo? Si puedes responder afirmativamente a ambas, entonces incluso la persona más carismática podría tener dificultades para mantener la atención. Si es posible, activa a tu audiencia para despertarlos un poco.

Idealmente, no programe reuniones o presentaciones para después del almuerzo y asegúrate de que la sala no esté demasiado caliente o cargada.

Desacuerdo

. . .

Estas señales de lenguaje corporal indican que alguien no está de acuerdo con lo que está escuchando o es crítico con ello. Ser capaz de captar esto significa que sabrás cuándo cambiar de rumbo potencialmente o dejar de hablar y preguntarles qué piensan. De esa forma, puedes comprender su punto de vista y hacerlos sentir escuchados.

Uno o ambos brazos cruzados firmemente sobre el cuerpo: o incluso las manos descansando en la parte superior de los brazos justo por encima del codo, las palmas presionadas hacia abajo indica que quieren protegerse de lo que pueda estar diciendo.

Piernas cruzadas con fuerza: de manera similar al gesto de brazos cruzados, si alguien tiene las piernas cruzadas con fuerza, puede indicar que no está de acuerdo con lo que está escuchando.

Apoyar los codos sobre la mesa, con los puños cerrados: cuando las manos están apretadas con fuerza para que los nudillos se pongan blancos, es un signo más claro de negatividad. Sin embargo, esta señal también puede ser ansiedad, así que tenga en cuenta el contexto de la conversación.

Significadores positivos del lenguaje corporal

La confianza

. . .

Estas señales de lenguaje corporal muestran que alguien se siente seguro. Estas son las señales del lenguaje corporal que esperarías ver de personas carismáticas.

Frotarse las palmas de las manos: cuando alguien se frota las palmas juntas, puede indicar entusiasmo por el tema del que están hablando o que esperan un resultado positivo para un asunto en particular.

Inclinarse hacia adelante al hablar: esto tiende a mostrar interés y generalmente lo hace el hablante para que los oyentes sientan que se está compartiendo algo secreto e interesante. Observa a una persona carismática cuando emplea esta señal y verás que la audiencia normalmente también se inclinará hacia adelante, reflejando a la persona.

Sonriendo: una verdadera sonrisa muestra los dientes y afecta los ojos, por lo general creando pequeñas arrugas en las esquinas de los ojos y las cejas ligeramente hacia abajo. Es poco probable que las sonrisas con los labios cerrados o las sonrisas que no afecten los ojos sean genuinas o muestren confianza.

Buena postura con los hombros hacia atrás relajados y la barbilla paralela al suelo: esto indica que alguien se siente cómodo en su propia piel y siente que pertenece.

. . .

No están llamando la atención, pero tampoco están tratando de desviarla. Adoptar esta postura es una forma rápida de parecer instantáneamente más seguro.

Relajado

Estas son señales del lenguaje corporal que indican que alguien está relajado. Estas son buenas señales para reconocer y comprender porque, idealmente, deseas enviar estas señales y verlas en tu audiencia.

Relájate: afloja los músculos sin tensión y relaja los hombros hacia abajo y hacia atrás.

Manos abiertas, palmas hacia arriba: ocultamos nuestras palmas cuando somos deshonestos o, a veces, también cuando estamos ansiosos o temerosos. Mostrar nuestras palmas a los demás significa que estamos cómodos y relajados.

Buen contacto visual: cuando estamos aburridos o ansiosos, no hacemos un buen contacto visual y tendemos a mirar alrededor de la habitación o mirar hacia adelante sin hacer contacto visual. Cuando estamos relajados, podemos mantener un contacto visual apropiado.

Sonriendo: con una sonrisa que toca los ojos y no solo mover la boca.

Cuando la gente está relajada, también es más probable que te escuchen.

Un acuerdo

Saber cuándo alguien está de acuerdo puede ser una herramienta útil para la persuasión, una habilidad clave para ser carismático. Las señales del lenguaje corporal incluyen:

- Cabeza ligeramente inclinada hacia adelante. Además, asentir es obviamente una señal de acuerdo.
- Manos abiertas, palmas visibles. Esto también indica honestidad.
- Cabeza ligeramente inclinada hacia un lado. Postura abierta, hombros hacia atrás.

Expresiones faciales y contacto visual

Las expresiones faciales y las señales oculares también son lenguaje corporal y son potencialmente más fáciles de detectar que otros tipos de lenguaje corporal. Estos son especialmente importantes en situaciones como las videollamadas, donde es posible que no obtenga una imagen completa del lenguaje corporal de alguien, pero en su lugar pueda evaluar las expresiones faciales.

· · ·

La mayoría de nosotros sabemos leer las expresiones faciales. Todos sabemos que fruncir el ceño es un signo negativo y que una sonrisa es uno positivo. Sin embargo, hay muchas otras señales más sutiles que enviamos con nuestras expresiones faciales.

A continuación, se muestran algunas expresiones faciales y señales oculares que transmiten emociones particulares:

- *Sonreír:* una sonrisa relajada y genuina indica que alguien está escuchando y está interesado en lo que se dice. Por el contrario, una sonrisa con los labios apretados o las comisuras de la boca hacia abajo pueden indicar que alguien se siente negativo sobre lo que se está diciendo o lo que están diciendo. Una sonrisa con los labios apretados también puede indicar que alguien está ocultando información.
- *Esquinas de la boca hacia abajo:* esto puede potencialmente indicar varias emociones negativas como la infelicidad o la ira, así que presta mucha atención a las otras señales que te den.
- *Fosas nasales ensanchadas:* este es el cerebro del lagarto que se prepara para luchar o huir, lo que permite que entre más oxígeno para la actividad esperada. Al igual que la burla, puede indicar miedo, ira o irritación en los seres humanos.
- *Ojos muy abiertos:* pueden indicar sorpresa, conmoción o ansiedad. Un ensanchamiento repentino de los ojos tiende a indicar conmoción, mientras que si sus ojos están generalmente muy

abiertos y miran mucho hacia otro lado, podría ser nervios o ansiedad.

- *Ojos que se mueven rápidamente:* esto puede indicar nervios si alguien está mirando constantemente a su alrededor.

El poder de un apretón de manos

Un apretón de manos puede transmitir mucha información sobre una persona, y hacerlo bien puede aumentar tu carisma potencial de inmediato. Un apretón de manos suele ser el primer contacto físico que tienes con una persona y, si sale bien, es una oportunidad para generar confianza, lo cual, como sabemos, es esencial para el carisma.

Algunos errores comunes de apretón de manos que se deben evitar son:

- *Apretón de manos colgado:* un agarre apenas con un movimiento de la mano puede dar la impresión de que es tímido, débil o desinteresado.
- *Apretón de manos dominante:* en contraste, un agarre demasiado fuerte y un movimiento demasiado robusto pueden hacer que parezcas abrumador y dominante.
- *El apretón de manos por encima de la cabeza:* aquí es donde colocas la mano con la palma hacia abajo y obligas a la otra persona a aceptar su mano con la

palma hacia arriba. Esto generalmente se percibe como un juego de poder.

Consejos para lograr un apretón de manos correcto:

- Mantén la mano perpendicular; no debes inclinar la palma de la mano hacia arriba o hacia abajo. Sacude desde el codo, no desde la muñeca.
- Mantén tu palma plana.

El lenguaje corporal combinado con el habla eficaz

El lenguaje corporal es solo un elemento del carisma, pero es potente combinado con una comunicación efectiva. Cubrimos mucha comunicación carismática en el Capítulo 4, pero recapitulemos rápidamente algunos de los puntos clave.

Las personas carismáticas son comunicadores asertivos.

Esto significa que tienen confianza, se articulan y pueden expresarse con claridad sin volverse agresivos o nerviosos. También significa que escuchan activamente cuando otros están hablando, resumir los puntos clave para asegurarse de que han entendido el mensaje y asegurarse de que la persona que habla sepa que han sido escuchados.

. . .

Tus palabras, tono de voz y lenguaje corporal deben estar sincronizados.

De esa manera, estás enviando el mismo mensaje a través de comunicación verbal y no verbal. Esto tranquiliza a tu audiencia y te hace parecer confiable y genuino.

Estudio de caso de la vida real: Andrea

Andrea era una empleada eficiente y competente, pero en varias ocasiones la habían ignorado para un ascenso.

Aunque era articulada y confiada en un entorno individual, cuando se trataba de hacer presentaciones o sentarse a través de una entrevista, las tendencias de personalidad introvertidas de Andrea significaban que, aunque sabía exactamente qué decir, sus señales no verbales estaban completamente desalineadas con ella y sus palabras.

En una situación normal de trabajo individual, el lenguaje corporal de Andrea era expresivo y en consonancia con su habla.

Sus colegas la encontraron cálida, amigable y encantadora. Desafortunadamente, no pudo demostrar ninguna de estas cualidades carismáticas en una entrevista o presentación, lo que ahora estaba frenando su carrera.

. . .

Andrea sabía que tenía que abordar este problema para lograr el ascenso que necesitaba. Entonces, se puso a trabajar en el estudio del lenguaje corporal. Prestó mucha atención cuando los miembros de la alta gerencia estaban haciendo presentaciones, observando cómo se paraban y se ubicaban con la audiencia, cómo usaban gestos con las manos para enfatizar sus palabras y cómo su postura irradiaba confianza.

También comenzó a estudiar su propio lenguaje corporal, prestando atención a los gestos naturales y la postura que adoptaba cuando estaba relajada y en compañía familiar. Comenzó a ser más consciente de sus señales no verbales en reuniones y conversaciones informales en el lugar de trabajo, notando cómo responderían las personas cuando ajustara su lenguaje corporal.

Por ejemplo, cuando se propuso tener las palmas hacia arriba al transmitir un mensaje difícil, descubrió que el destinatario respondería de manera más positiva que si tuviera los brazos cruzados o las palmas ocultas.

Andrea pudo tomar este aprendizaje y usarlo en su próxima entrevista para una promoción. A pesar de sentirse nerviosa, se aseguró de sonreír, mantuvo los hombros hacia atrás y la barbilla paralela al piso. Al dar sus respuestas, habló en un nivel constante y apropiado. Esta vez, ganó la promoción.

Prestar atención a tu lenguaje corporal vale la pena en un gran momento para parecer más carismático. Por supuesto, el lenguaje corporal es solo una pieza del rompecabezas. Es solo cuando tu lenguaje corporal y tu mensaje están completamente alineados que realmente puedes parecer carismático. Pero combinado con las otras secciones de este libro, el lenguaje corporal es una herramienta útil para aumentar tu carisma.

También es útil prestar atención al lenguaje corporal de los demás.

El Capítulo 1 discutió que el carisma se trata de cómo haces sentir a otras personas y cómo te comportas. Comprender las señales del lenguaje corporal te permite identificar si estás haciendo que las personas se sientan bien o no y cambiar la forma en que te comunicas con ellas si las señales de su lenguaje corporal indican emociones negativas.

La comunicación carismática no se limita al lugar de trabajo, pero la mayoría de la gente quiere ser más carismática para mejorar sus perspectivas profesionales.

8

Comunicación en el trabajo

Hablamos brevemente de esto en el Capítulo 4, pero ser percibido como carismático en el trabajo significa ser consciente de cómo te perciben tus colegas y superiores, y si eso no coincide con cómo quieres que te vean, puedes tomar medidas para cambiarlo. alrededor.

Las primeras impresiones son importantes; todos sabemos eso. Comenzar un nuevo trabajo puede ser una oportunidad maravillosa para ser la mejor versión de sí mismo y crear excelentes primeras impresiones que lo inicien con el pie derecho. Desafortunadamente, no todos estarán en esa envidiable situación.

Si has trabajado en su empresa durante un período de tiempo, ya habrás tenido las primeras impresiones y posiblemente haya tenido suficiente interacción con tus colegas para que tengan una opinión completa de usted.

· · ·

Con suerte, esa opinión es buena y te encontrarás al menos un poco carismático. Pero si no, no te preocupes.

Las primeras impresiones son importantes, pero es posible cambiar la forma en que alguien te percibe, simplemente requiere más tiempo y esfuerzo que lograrlo en la primera reunión.

Una vez que hayas creado una excelente primera impresión, obtendrás el beneficio del sesgo de confirmación. Aquí es donde esa persona naturalmente pensará mejor de ti y te dará más libertad de acción que si no hubieras dado una buena primera impresión. Aún así, con un comportamiento carismático constante, puedes cambiar las opiniones de las personas. Sin embargo, necesitarás paciencia y constancia.

¿Cuál es el objetivo común?

Cuando trates con colegas y, de hecho, cuando intentes resolver cualquier situación, busca el objetivo común.

¿Qué quieren lograr ambas partes? En realidad, esto es bastante fácil de hacer en el lugar de trabajo, donde las motivaciones de los colegas tienden a estar impulsadas por el trabajo. Esto se debe a que ya tendrás una idea de la naturaleza de su función en la empresa y cuáles serán sus propios objetivos laborales.

. . .

Si no puedes identificar fácilmente el hilo conductor, no temas preguntar directamente. ¿Qué es lo que necesitan lograr?

¿Qué resultado o acciones necesitan de ti o de tu departamento? Considera cómo estos podrían alinearse con sus propios objetivos. Si no están alineados, ¿hay alguna forma de alinearlos?

Cuando comprendas el objetivo común o al menos lo que se superpone en tus objetivos e intereses, entonces puedes persuadir e influir mucho más fácilmente a los demás sobre su forma de pensar y hacer que se sientan bien con la interacción también. Ese es el poder del carisma.

¿Cuál es tu papel?

Es importante comprender tu papel en cualquier proyecto de trabajo en particular antes de comenzar. Si tu función es evaluar el riesgo financiero, pero estás intentando influir en algo más allá de tu cometido, será mucho más difícil de hacer que influir en algo que esté dentro de tus propias competencias.

Si tu eres el junior de la oficina y quieres darle al CEO algunas ideas para mejorar el negocio, entonces podría salir espectacularmente mal si lo manejas de la manera incorrecta.

. . .

Eso no significa que sea imposible salir de tu caja en el trabajo, pero sí significa que necesita una buena comprensión de los objetivos y motivaciones de aquellos a quienes está tratando de influir y de cualquier persona a la que pueda afectar el resultado deseado. Si se hace bien y se presentan algunas ideas realmente geniales, entonces salirte de tus funciones podría ser el mejor movimiento que hayas hecho en tu carrera.

Si estás cien por ciento seguro de que lo que estás proponiendo es una idea sólida y tienes datos o investigaciones relevantes para respaldarlo, entonces usar tu carisma podría ser la diferencia entre un duro 'no' y un rotundo 'sí'.

Ser las dos cosas: profesional y agradable

En el lugar de trabajo, a menudo hay mucha presión para comportarse profesionalmente. Pero, ¿qué significa eso realmente? A veces, la necesidad de seguir siendo profesional se interpreta como una necesidad de ser super formal y estar completamente centrado en el trabajo todo el tiempo.

Si bien es importante concentrarse bien en el trabajo, todos somos humanos, no robots. Es tu lado humano lo que atrae a las personas y alimenta tu carisma. Por lo tanto, si bien no quieres perder demasiada precaución y comportarte de manera inapropiada, es mucho lo que se puede ganar al dejar que tu personalidad brille en el trabajo.

Una forma de hacer esto es disfrutar de una charla inapropiada en la oficina. Involucrarse en una pequeña charla con tus colegas realmente puede aumentar tu carisma. Te da la oportunidad de aprender un poco sobre tus vidas, sentir empatía con ellos y celebrar con ellos cuando sea apropiado. Cuando sabes un poco sobre tus colegas, es más fácil demostrarles afecto y, a veces, esos pequeños fragmentos de información pueden resultar invaluables cuando te comunicas con ellos en la sala de juntas. Entendiéndolos mejor como personas significa que puedes presentar tu comunicación basada en el trabajo en el nivel correcto. También significa que llegarán a conocerte, y a confiar en ti, también un poco mejor.

Como todo en la vida, todo se reduce al equilibrio. Pasar horas de tu dia chismeando cerca del enfriador de agua no aumentará tu carisma; en el peor de los casos podría hacer que te despidan. Sin embargo, dedicar unos diez minutos a preguntarle a un colega cómo fue su fin de semana o cómo está su familia puede hacer maravillas en las relaciones en la oficina.

Comunicación escrita

Tener tu propia voz de marca puede ayudarte a sonar coherente en tu comunicación escrita. No es tan artificial como parece; la voz de tu marca es tu personalidad. Las personas que te conocen verán la falsedad si escribes correos electrónicos de una manera que te parece ajena. Sin embargo, querrás poder hacer que ciertos elementos de tu personalidad se destaquen más que otros. Pensar en tu comunicación escrita como si tuviera una voz de marca que coincida con su personalidad en la vida real puede ayudarte a asegurarte de que no sucumbirás a correos electrónicos o memorandos demasiado rígidos y formales que no parezcan carismáticos en absoluto.

Tenga en cuenta que los mensajes de texto, correos electrónicos, cartas, etc., son muy susceptibles de ser malinterpretados en lo que respecta al tono. Con cero lenguaje corporal, expresiones faciales o tono de voz para ayudar a otros a descifrar tu mensaje, la persona que recibe la comunicación escrita generalmente filtrará el tono según su estado de ánimo actual y / o experiencias pasadas contigo. La forma en que firmes tus correos electrónicos también puede marcar una gran diferencia en el tono y en el mensaje general.

Autenticidad y vulnerabilidad

Las personas carismáticas son auténticas. Son genuinos y eso se nota. No confunda "auténtico" con "natural": son términos relacionados, pero no son lo mismo. No significa que tú no puedas desarrollar carisma si no eres "naturalmente carismático". Lo mejor sería mejorar los rasgos y hábitos de la personalidad que te hacen más carismático y optan por reducir los rasgos de personalidad y los hábitos que te hacen menos carismático. Se trata de aceptar y aprovechar al máximo tu propio estilo carismático y único.

El primer paso para ser auténtico es aceptarte a ti mismo por lo que eres. A menudo nos presionamos mucho para ser perfectos o formar parte de la última tendencia: el mejor empleado, el padre perfecto, el amigo más genial.

Cómo Agradarle a las Personas

. . .

La buena noticia es que la perfección no es necesaria para ser carismático. Todos somos trabajos constantes en progreso, y cuanto antes lo aceptes, antes podrás relajarte y disfrutar explorando tu propio estilo carismático y único. Cuando permites que tu verdadero yo brille, tu carisma se desarrollará rápidamente.

Pero, ¿qué significa ser auténtico? Ya hemos hablado de los rasgos positivos de la personalidad en el capítulo 6. Entonces, ¿qué pasa si no crees que ninguno de esos rasgos sea el "auténtico" tu? Quizás, por ejemplo, crees que eres naturalmente una persona negativa o pesimista y que esos rasgos no son compatibles con ser carismático.

Afortunadamente, la negatividad y el pesimismo no son estados "naturales"; son eruditos.
Y también lo son los rasgos de personalidad más negativos (y de hecho, positivos). El truco consiste en identificar lo que realmente te hace sentir positivo. A veces, nos apresuramos a señalar lo que no nos gusta. Pero si te das la vuelta y te concentras en lo que te gusta, rápidamente te volverás más positivo.

Por ejemplo, si no te gustan las vacaciones al aire libre y las caminatas son aburridas, lo más probable es que te guste el bullicio de una gran ciudad o el ambiente relajado de un spa. Pregúntate, qué te gusta en lugar de centrarte en las cosas que no te gustan. Adquiere el hábito de concentrarte en tus gustos. La próxima vez que un colega te cuente sobre su increíble viaje de senderismo, podrás apreciar que a ellos les apasiona el senderismo de la misma manera que a ti te apasionan otras cosas, lo que hace que sea mucho más fácil responder positivamente en lugar de parecer aburrido.

Ser carismático requiere que seas auténtico, que eleves tu personalidad única y la dejes brillar. También requiere permitirse ser un poco vulnerable.

¡Pero espera! ¿No son las personas carismáticas todas seguras de sí mismas? ¿Mostrar vulnerabilidad no sería exactamente lo contrario de eso?

No exactamente. Es posible que la vulnerabilidad no sea algo que se asocie con personas carismáticas, pero mostrar una vulnerabilidad adecuada realmente puede mejorar la percepción que la gente tiene de ti.

En realidad, nadie quiere ser visto como vulnerable. Solemos verlo como una debilidad, algo que debemos evitar a toda costa, especialmente en el ámbito laboral, donde solemos creer que debemos evitar cualquier signo de debilidad para salir adelante. Tendemos a creer que la mayoría de los líderes carismáticos son líderes fuertes, los que no cometen errores y no aceptan culpas.

Esta opinión de que debe evitar la vulnerabilidad a toda costa parece tener perfecto sentido en la superficie. Sin embargo, cuando profundizas un poco más, queda claro que evitar ser vulnerable podría estar reteniéndote.

Parte de nuestra aversión natural a mostrar vulnerabilidad se debe a que no entendemos exactamente lo que realmente significa ser vulnerable. La vulnerabilidad significa tener el coraje de manejar los desafíos que la vida te presenta mientras aceptas que son desafíos. También significa tener el coraje de admitir cuándo podrías necesitar ayuda o cometer un error.

No significa que debas compartir demasiado, revelar demasiada información personal o llamar la atención.

Compartir todos los miedos y errores que cometes en el trabajo no es un ejemplo de vulnerabilidad y podría dañar tu credibilidad.

Sin embargo, la vulnerabilidad, aplicada de la manera correcta, puede aumentar tu carisma en lugar de dañarlo. ¿Cómo? Promoviendo una genuina conexión humana y de calidez.

La vulnerabilidad te da la ventaja de la autenticidad.

Permitir que tu vulnerabilidad sea visible hace que las personas se sientan confiables. Instintivamente reconocemos en algún nivel cuando las palabras de alguien son incongruentes con cómo se sienten realmente.

. . .

La mayoría de estas percepciones intuitivas ocurren en un nivel subconsciente. No los analizamos, pero cuando reconocemos inconscientemente que las palabras y el lenguaje corporal de una persona no coinciden, comenzamos a cuestionar su confiabilidad.

Entonces, ¿cómo puede mostrar vulnerabilidad sin dañar tu reputación y credibilidad?

Asume la responsabilidad de tus errores: no son nuestros errores los que nos definen; así es como los manejamos. La clave es demostrar que estás haciendo todo lo posible para corregirlo.

Pide ayuda si la necesitas: pedir ayuda puede hacerte vulnerable al exponer tu debilidad.

Pero también demuestra a tus colegas y gerentes que antepones los resultados efectivos a tu orgullo personal. Esa es una señal de un empleado bueno y confiable.

Siente empatía con colegas que sabes que están experimentando dificultades emocionales: tal vez hayan perdido a un ser querido o haya una enfermedad en la familia. Hazles saber que comprendes lo difíciles que deben ser sus desafíos personales.

. . .

Cuando los intereses chocan

En la mayoría de los casos, encontrarás que hay objetivos o intereses comunes, o al menos, una superposición. Sin embargo, ocasionalmente te encontrarás con situaciones en el trabajo en las que tus objetivos e intereses choquen.

Por ejemplo, si hay un presupuesto departamental limitado y deseas usar algo para el proyecto de tu equipo, pero un colega también quiere usar el presupuesto para un proyecto diferente. Hacer ambas cosas llevaría al departamento por encima del presupuesto. En situaciones como esta, no hay una forma sencilla de resolver el problema a menos que puedas encontrar una manera de fusionar ambos proyectos o reducir el tamaño de ambos, para de esa manera poder cubrir los dos.

Manejar intereses en conflicto casi siempre requerirá que pienses fuera de tus límites y, a menudo, eso significará que necesitas tiempo para considerar cómo abordar la situación. No temas pedir tiempo para pensarlo.

Si no puedes encontrar un compromiso o una forma de evitar los intereses en conflicto, entonces deberás identificar quién es la mayor necesidad. Deberás hacer esto desde la perspectiva de la empresa. Sobre el papel, ¿qué proyecto es probable que aporte mayores beneficios a la empresa? Si no es tuyo, es posible que debas dar un paso atrás y aceptar retomar tu proyecto en otro año presupuestario o reducir considerablemente tu alcance.

. . .

Si, después de mirarlo objetivamente, realmente crees que tu necesidad es mayor, entonces querrás recopilar algunas pruebas. Concéntrate en cómo tu proyecto proporcionará un beneficio para el negocio que sea A) más urgente que el de ellos y / o B) más rentable o deseable. Si obtener el resultado que deseas significa que debes persuadir a la otra parte, ten mucho cuidado de que tu evidencia no haga que el otro proyecto se vea mal. Concéntrate solo en los aspectos positivos de los tuyos y no en los negativos del otro. Tienes que estar dispuesto a señalar y aceptar los puntos positivos del otro proyecto también.

Comportamientos carismáticos en el trabajo

El carisma es más de lo que dices; se trata de lo que haces. Recuerda, la gente solo te ve como carismático cuando ellos creen que eres genuino. Si tus palabras y tus acciones no están alineados, no se te verá como una persona carismática, simplemente simplista y poco confiable.

Estos son algunos comportamientos específicos que son comunes a las personas carismáticas. Demostrar estos comportamientos en el trabajo y fuera de él también ayudará a cimentar la percepción que la gente tiene de ti como una persona carismática.

. . .

Flexibilidad

Las personas carismáticas son flexibles no sólo en términos de tiempo, sino también en escuchar a los demás y ajustar sus propios planes y opiniones en consecuencia.

Ser flexible en términos de tus ideas y alcanzar tus metas puede ayudarte a llevarte bien con los demás de una mejor manera. No significa anteponer las metas de otras personas a las tuyas o hacer todo lo posible para comprometerte. Simplemente significa estar dispuesto a escuchar a las personas, cambiar de opinión si te han convencido honestamente y estar abierto a considerar diferentes formas de hacer las cosas.

Nunca escuchas a una persona carismática decir, "pero así es como siempre lo hemos hecho…" Es mucho más probable que digan, "gran idea, intentémoslo" o "suena realmente interesante, ¿puedes volver conmigo con algunos datos sobre cómo podría funcionar?" Y una cosa que rara vez hacen es cortar las ideas de alguien con un rechazo general. Incluso cuando dicen que no, dejan a la otra persona sintiéndose bien.

Voluntad de escuchar

Las personas carismáticas son buenos oyentes que practican la escucha activa para tranquilizar a las personas y asegurarse de que comprendan lo que alguien está tratando de decirles.

También demuestran empatía por los demás, haciendo que las personas se sientan escuchadas y comprendidas.

La voluntad de escuchar a otras personas sobre tus ideas, problemas e inquietudes es un buen rasgo para desarrollar en el trabajo. No siempre tienes que estar de acuerdo con ellos, pero te dará una valiosa información sobre cómo se sienten los demás y qué los motiva.

A su vez, eso hará que sea más fácil cuando desees influir o persuadir a alguien de manera eficaz.

Por supuesto, no solo los estás escuchando para obtener una ventaja. Cada interacción con un colega es una oportunidad para hacerlos sentir bien y generar confianza, dos componentes clave del carisma.

Trabajo en equipo y ser visible

Las personas carismáticas en el trabajo son visibles y trabajan bien en equipo, principalmente porque tienen buenas habilidades con las personas. Algunos consejos clave para un buen trabajo en equipo:

- Limita la frecuencia con la que usas "yo" cuando hablas con tu equipo: el uso de "nosotros" fomenta la inclusión y un sentido del trabajo en equipo.
- Ofrece elogios cuando es debido: si alguien ha hecho un gran trabajo, avísale. A la gente le encanta ser reconocida por su arduo trabajo, así

que siempre da crédito cuando se lo merece. Si deseas utilizar las palabras o las ideas de un colega en una reunión cuando no están presentes, asegúrate de darles crédito. Robar las ideas de los demás no te hará quedar bien. Pero compartirlos y dar crédito te hace ver como un jugador de equipo y alguien en quien se puede confiar.
- Cumple siempre tus promesas: si hay una razón realmente buena por la que no puede hacer algo, inicia una conversación con la persona que lo espera lo antes posible.
- Ser sincero: las personas carismáticas son dignas de confianza, por lo que siempre debes asegurarte de decir la verdad. Por supuesto, hay un límite: si la verdad fuera hiriente o dañina, entonces no digas nada en absoluto. O si es información confidencial que no puedes compartir, dilo. Pero no mientas a tus compañeros de trabajo si quieres que confíen en ti.

Seguir estos consejos te ayudará a desarrollar la confianza y la compenetración con tus colegas, lo que mejorará tu carisma y tus perspectivas de carrera.

Estudio de caso de la vida real: André

André fue ascendido recientemente a un puesto gerencial y quería causar una excelente primera impresión en su nuevo equipo y colegas. Siempre había admirado cómo otro líder de la empresa usaba el humor en las reuniones para relajar a todos y mantener su atención con facilidad.

. . .

André intentó implementar esto en sus propias reuniones de personal, pero simplemente fracasó con su equipo. En todo caso, tuvo el efecto contrario y no pudo entender por qué. Al hablar con sus amigos fuera del trabajo sobre el problema, le pidieron que les diera ejemplos del humor que había usado. Fue entonces cuando se dio cuenta de que había estado usando el mismo tipo de humor que usó el otro gerente, pero que no encajaba realmente con su personalidad.

Debido a que no era su humor natural, sus bromas se sentían incómodas y su lenguaje corporal estaba fuera de línea con lo que estaba diciendo.

En lugar de permitir que su propio humor natural brillara, había estado tratando de adoptar el de otra persona. Lo que simplemente no era auténtico, y su equipo se estaba dando cuenta de eso.

Hunter decidió intentarlo de nuevo, pero usando el humor apropiado que era más natural para él. Esta vez, su equipo respondió mucho mejor a sus bromas y rompió parte del hielo. A partir de esta experiencia, André aprendió que observar a los demás es una excelente manera de aprender el carisma. Pero para obtener algo de valor real de eso, debe adaptar la forma en que los demás hacen algo de una manera que se adapte a su propia personalidad.

. . .

Hemos analizado la comunicación en el trabajo en este capítulo, pero realmente no hemos profundizado en algunas de las "grandes" conversaciones que probablemente necesitará tener en el trabajo, y también en su vida cotidiana. En el próximo capítulo, veremos cómo manejar conversaciones poderosas con carisma.

9

Poderosas conversaciones

¿QUÉ SON LAS CONVERSACIONES PODEROSAS?

Las conversaciones poderosas son las que marcan la diferencia. Persuadir, influir o motivar a alguien en torno a su forma de pensar o para que realice cualquier acción que necesites que realice.

Todos hemos experimentado estas poderosas conversaciones, y la mayoría de nosotros tenemos más de un ejemplo de conversaciones poderosas en las que no nos fue bien.

El carisma puede ayudarte a navegar este tipo de conversaciones con relativa facilidad, haciendo que las personas se acerquen a su forma de pensar y haciendo que las conversaciones poderosas sean mucho menos dolorosas.

. . .

Persuadir

La persuasión es una habilidad esencial para la vida, pero a menudo se malinterpreta. A veces, cuando las personas piensan en la persuasión, piensan en la manipulación o en tácticas de venta sórdidas diseñadas para obligar a alguien a seguir un curso de acción en particular.

La persuasión, sin embargo, no es ninguna de estas cosas. Se trata simplemente de llegar a un entendimiento y un acuerdo compartido. Una vez que lo logres, pueden trabajar juntos para alcanzar un resultado mutuamente beneficioso.

A continuación, se ofrecen algunos consejos para ser más persuasivo:

Establecer la credibilidad

Si estás tratando de persuadir a las personas sobre un tema en el que no tiene calificaciones o experiencia, carecerás de credibilidad desde el principio. La credibilidad es esencial para que otras personas tomen en serio tus puntos de vista. Si estuvieras en una cena y discutieras sobre el cuidado de la salud, ¿te parecería más persuasiva la opinión de un médico calificado o la opinión de un vendedor de automóviles? El médico, por supuesto, tendría mucho más credibilidad en esta situación. Sin embargo, si estuviera hablando de automóviles, el vendedor tendría la ventaja.

No siempre tendrás una calificación específica en el tema que estás discutiendo, pero tener cierta credibilidad es esencial si deseas persuadir a la gente. Ser visto como un experto en el tema te hace más persuasivo.

Otra forma de aumentar la credibilidad es mediante sus relaciones. Si has construido una reputación como confiable y genuina, la gente tenderá a ver sus argumentos como más creíbles, incluso sin evidencia concreta de conocimiento o experiencia.

Terreno común

Otro elemento importante de la persuasión es el terreno común. Encontrar puntos en común hace que sea más fácil llevar a tu audiencia a un acuerdo contigo, en lugar de empujarlos hacia su posición.

Cuando comprendas qué puntos en común hay, puedes asegurarte de posicionar tu argumento de una manera que atraigas a tu audiencia. Basar tu persuasión en lo que sabes que son sus intereses y objetivos. Esencialmente, sería mejor si les dejaras en claro lo que hay para ellos. ¿Cuál será el beneficio para ellos (y asegúrate de que sea uno que les importe)?

Un error común que cometen las personas cuando intentan persuadir a los demás es asumir que todos mantendrán los mismos valores y preocupaciones.

Nuevamente, aquí es donde la construcción de relaciones ayudará a tu persuasión y carisma. Cuando realmente comprendes lo que le importa a tu audiencia, puedes enmarcar las cosas fácilmente para atraer a tus intereses reales.

Proporcionar evidencia

La persuasión no es solo una batalla de voluntades y carisma. Incluso si tienes un alto nivel de carisma, es posible que no puedas persuadir sin proporcionar pruebas. Curiosamente, la evidencia que se necesita no siempre es objetiva o basada en datos.

Los gráficos y los números pueden proporcionar evidencia, pero no a menudo atraen a tu audiencia donde importan sus emociones.

Los datos y la información fácticos son ciertamente importantes, pero ilustran esos datos con metáforas y anécdotas vívidas o los relacionan con la vida cotidiana real y lo que le importa a tu audiencia es cómo realmente puedes persuadir.

Crea una conexión emocional

Cómo Agradarle a las Personas

. . .

Aquí es donde la autenticidad y la vulnerabilidad realmente pueden tener un gran impacto cuando se trata de persuadir. Apelar a las emociones de tu audiencia te da una gran ventaja. Si te apasiona algo, demuéstralo.

Las emociones pueden ser positivas o negativas. Puedes persuadir creando miedo a algo, tal vez miedo a perder una gran oportunidad. O puedes aprovechar las emociones positivas como sentido de pertenencia y apelación a la necesidad de estatus de las personas.

Por supuesto, debes coincidir con las necesidades e intereses de la audiencia.

Quieres llevarlos contigo, no alinearlos. Pero cuando lo haces bien, lograrás persuadir a la gente. Las emociones son un factor importante en la forma en que tomamos decisiones. Sin conectarte con las emociones de las personas, incluso los argumentos más fuertes pueden fallar en persuadirlos a ir justo detrás de ti.

El mejor estilo a utilizar dependerá de la situación. Las personas carismáticas tienden a saber cómo usar cualquiera de los estilos para adaptarse a la situación, pero a menudo usan un enfoque colaborativo cuando pueden.

. . .

Motivación

Las personas carismáticas son grandes motivadores. Pueden mantener a las personas entusiasmadas e inspiradas, motivadas para lograr algo.

La primera clave es la auto-motivación. Si no eres apasionado y motivado, entonces es difícil inspirar a otros.

La segunda clave es comprender a las personas y qué las motiva. Hay dos tipos básicos de motivación: interna y externa. La motivación interna es muy personal, mientras que la motivación externa se basa en factores como el salario, las bonificaciones, las vacaciones y otras recompensas tangibles.

Muchas empresas y gerentes confían en motivadores externos para mantener motivados a los empleados. Sin embargo, la motivación interna puede ser mucho más poderosa. El mejor tipo de motivación abarca ambos para mantenerlo equilibrado.

Fomentar la motivación interna significa que necesita comprender lo que impulsa a las personas, y serán diferentes cosas para diferentes personas. No existe un enfoque único para la motivación. Para motivar de manera efectiva, se necesita un enfoque personalizado tanto como sea posible. En muchos casos, una forma poderosa de motivar a las personas es simplemente escuchar sus frustraciones y preocupaciones y hacer todo lo posible para eliminar los obstáculos y facilitar su trabajo.

. . .

Por supuesto, no se limita al trabajo. Puedes utilizar técnicas similares en tu vida personal. Por ejemplo, puedes motivar a tu cónyuge para que se vuelva más saludable al aprovechar sus motivadores internos: ser saludable para su familia o verse bien en una fiesta.

También puedes ofrecer motivadores externos, como recompensas por alcanzar ciertos hitos.

Dirigir y controlar conversaciones

Las personas carismáticas son buenas para dirigir y controlar conversaciones. Eso no significa que sean ellos los que hablen todo, pero son los que mantienen la conversación encaminada, conduciéndola hacia el resultado correcto.

En la mayoría de los casos, esto significa hacer las preguntas correctas. Hacer la pregunta correcta es fundamental para una comunicación eficaz.

Si utilizas las preguntas adecuadas en cualquier situación, puedes obtener mejor información, establecer relaciones más sólidas y gestionar a las personas de manera efectiva.

También es importante mantener la conversación sobre el tema. La mayoría de las veces, si estás haciendo las preguntas correctas, la conversación se mantendrá dentro del tema.

. . .

Es natural desviarse un poco del tema y luego regresar, pero si las conversaciones parecen ir en una dirección diferente a la deseada, deberás ser hábil para volver a encarrilarlas.

Las preguntas son una de las herramientas más eficaces para mantener una conversación encaminada. El truco consiste en hacer las preguntas adecuadas para asegurarte de que la conversación fluya de la forma deseada.

Pero, ¿cuántos tipos de preguntas hay?

Preguntas abiertas

Las preguntas abiertas son excelentes para iniciar una conversación o para recopilar información. Una pregunta abierta generalmente comienza con "Qué", "Por qué" o "Cómo", y siempre obtienen más que un "sí" o "no" como respuesta.

Suelen ser difíciles de responder con una sola palabra, lo que anima a otros a proporcionar información.

Ejemplos de preguntas abiertas son:

- ¿Qué pasó ayer?

- ¿Cómo investigaste el proyecto? ¿Por qué te decidiste por este color en particular?
- ¿Qué piensas acerca de esta idea?

Las preguntas abiertas son excelentes para comenzar una conversación más abierta o recopilar hechos.

Preguntas cerradas

Las preguntas cerradas tienden a provocar una respuesta de "sí" o "no", o a veces simplemente una respuesta concisa.

Ejemplos de preguntas cerradas son:

- ¿Trajiste un bolígrafo?
- ¿A qué hora es la reunión de mañana?
- ¿Tienes hambre?

Las preguntas cerradas no suelen ser beneficiosas para fomentar la conversación, pero son útiles para aclarar o comprobar tu comprensión de algo.

Preguntas principales

. . .

Las preguntas iniciales están diseñadas para obtener una respuesta específica. Están redactadas de modo que conduzcas a la persona hacia una cierta suposición o respuesta.

Por ejemplo:

- ¿Cuántos de estos quieres?
- La opción dos se adapta mejor a sus necesidades, ¿no es así?
- ¿Cómo quieres que te facture eso?

Las preguntas capciosas tienen un lugar, pero el uso excesivo puede hacer que parezcas agresivo y manipulador, así que úsalas sabiamente.

Preguntas de embudo

Las preguntas de embudo son más una técnica que un tipo de pregunta. Pueden ser abiertas o cerradas, pero tienden a comenzar con preguntas abiertas y terminar con preguntas más cerradas que obtienen respuestas más breves. Este es el tipo de preguntas y técnicas de interrogatorio que podríamos asociar con abogados o policías, y son excelentes para obtener detalles específicos.

El siguiente es un ejemplo de preguntas de embudo y posibles respuestas.

"¿Quién estuvo en la reunión ayer?"
"Carolina, Nancy y Julio".

"¿Qué se discutió?"
"Pasamos por los proyectos destacados y los bloqueadores".
"¿Alguien mencionó el proyecto para la carretera?" "No."
"¿Qué proyectos se discutieron?"
"Adriana y Raúl dijeron que el proyecto de Jorge debería estar terminado la semana que viene".
"¿Alguna mención de cuándo se terminará el proyecto del área de mercadotecnia?"
"Raúl estimó otros dos meses"
"¿Estás de acuerdo con esa estimación?"
"Sí."

Las preguntas de embudo son buenas cuando se trata de llegar al detalle específico de algo, pero pueden parecer demasiado rápidas si las sigue haciendo por un tiempo prolongado.

Sondeo de preguntas

Sondeo de preguntas, busca más información o aclaración sobre algo. Son útiles cuando alguien parece estar evitando decirte algo.

Hacerle preguntas inquisitivas hace que sea difícil para ellos no mencionar algo que necesitas saber.

Suelen ser un poco más abiertas que las preguntas de embudo, aunque no están estrechamente relacionadas.

- Cuéntame más sobre lo que pasó en la reunión.
- ¿Cómo supo que el proyecto para la carretera se estaba excediendo del presupuesto?
- ¿Cómo abordarías eso de manera diferente la próxima vez?
- Háblame de tu proceso de pensamiento en el área de recursos humanos.

Preguntas retóricas

Las preguntas retóricas en realidad no necesitan ni esperan una respuesta, pero puedes usarlas para atraer a tu audiencia e impulsarlas hacia una conclusión particular. Una pregunta retórica es en realidad una declaración, pero expresada como una pregunta.

- Nancy es realmente eficiente, ¿no es así?
- Este es un color precioso, ¿no?
- ¿Cuánto tiempo vamos a esperar antes de actuar?

Usar la técnica de interrogatorio más adecuada puede ayudarte a controlar la conversación. Puedes aprender más sobre una persona o situación haciendo preguntas abiertas y de sondeo. Puedes aclarar algo con preguntas cerradas o en embudo, y puedes hacer un punto utilizando preguntas retóricas.

Usar preguntas de manera efectiva requiere buenas habilidades de escucha activa. Las personas se cansarán rápidamente de las

preguntas si sienten que sus respuestas no están siendo escuchadas.

Prestar atención a tu propio lenguaje corporal y al de los demás también puede ayudar a que tu audiencia se sienta cómoda para responder las preguntas con honestidad.

Ser consciente de tu lenguaje corporal puede ayudarte a volverte instantáneamente más carismático. También significa que puedes leer y reaccionar a las emociones de otras personas de manera más eficaz. Comprender el lenguaje corporal te da una idea significativa de lo que otros pueden estar pensando o sintiendo.

El tipo de comunicación más carismático es asertivo, y he cubierto algunos consejos y técnicas para ayudarte a convertirte en un comunicador más asertivo, como la escucha activa.

Al convertirte en un oyente más activo, no solo escucharás lo que se dice, pero ahora también notarás la forma en que se comunican los mensajes.

Sabe leer entre líneas de una conversación, para captar todas las señales verbales y no verbales para obtener información adicional. Esto es esencial para comprender todo el mensaje que el hablante está tratando de transmitir.

Debes desarrollar ciertos rasgos de personalidad como la paciencia, la tolerancia, el respeto y la confianza para aumentar también tus niveles de carisma. Hacer de esos comportamientos un hábito hará que sea mucho más fácil ser carismático sin esfuerzo. También sabes que tiene sentido concentrarte en desarrollar buenos hábitos de comportamiento uno a la vez, para proporcionar una piedra angular para tu personalidad carismática.

. . .

Conclusión

Hemos cubierto todos los aspectos críticos para volverte más carismático, desde identificar qué es el carisma y qué no lo es, hasta evaluar sus niveles de carisma actuales y explorar consejos prácticos para aumentar ese recuento.

Aquí hay un resumen rápido de los puntos clave que hemos cubierto:

El carisma es una colección de sofisticadas habilidades sociales y emocionales.

Cuando aumentas estas habilidades, puedes despertar emociones fuertes en otras personas al mismo tiempo que proyecta una calma, confianza y concentración excepcionales.

. . .

Cómo Agradarle a las Personas

Tener la mentalidad adecuada es vital para el carisma.

La gente se siente atraída y cautivada por la positividad y el éxito. Cuando tengas la mentalidad adecuada, te volverás naturalmente atractivo para los demás y es más probable que mantengas su atención.

El carisma te ayuda a manejar conversaciones poderosas con facilidad. Le permite persuadir, influir e incluso cerrar ventas con facilidad, sin recurrir a tácticas deshonestas.

El conflicto es una parte necesaria de la comunicación con otros, pero no tiene por qué ser estresante. Aceptar los errores y disculparse eficazmente puede aumentar tu carisma, por lo que no debes temer cometer un error de vez en cuando.

Desarrollar carisma es una forma increíble de impulsar tu éxito, tanto en el lugar de trabajo como en tus relaciones personales. Recuerda, el carisma es simplemente un conjunto de habilidades que puedes aprender si estás dispuesto a dedicar tiempo y esfuerzo.

Ahora que sabes cómo ser más carismático, es hora de poner en práctica ese aprendizaje y convertirte en la mejor versión de ti mismo.

www.ingramcontent.com/pod-product-compliance
Lightning Source LLC
Chambersburg PA
CBHW072020070526
44583CB00015B/1564